大转折

澳大利亚电力的未来

[澳]绍尔·格里菲斯◎著

燕子◎译

中国科学技术出版社
·北京·

图书在版编目（CIP）数据

大转折：澳大利亚电力的未来 /（澳）绍尔·格里菲斯著；燕子译 . — 北京：中国科学技术出版社，2023.12
书名原文：The Big Switch——Australia's electric future
ISBN 978-7-5236-0335-2

Ⅰ.①大… Ⅱ.①绍…②燕… Ⅲ.①电力工业—工业发展—研究—澳大利亚 Ⅳ.① F461.166

中国国家版本馆 CIP 数据核字（2023）第 218896 号

著作权合同登记号：01-2023-3932

THE BIG SWITCH: AUSTRALIA'S ELECTRIC FUTURE by SAUL GRIFFITH
Copyright © 2022 BY SAUL GRIFFITH
This edition arranged with Schwartz Books Pty Ltd trading as "Black Inc" through BIG APPLE AGENCY, INC., LABUAN, MALAYSIA.
Simplified Chinese edition copyright: 20XX China Science and Technology Press Co., Ltd.
All rights reserved.
未经许可不得以任何方式抄袭、复制或节录任何部分。

策划编辑	张耀方	责任编辑	徐世新　张耀方
封面设计	蚂蚁设计	版式设计	蚂蚁设计
责任校对	吕传新	责任印制	李晓霖

出　版	中国科学技术出版社
发　行	中国科学技术出版社有限公司发行部
地　址	北京市海淀区中关村南大街 16 号
邮　编	100081
发行电话	010-62173865
传　真	010-62173081
网　址	http://www.cspbooks.com.cn

开　本	710mm×1000mm　1/16
字　数	180 千字
印　张	13.5
版　次	2023 年 12 月第 1 版
印　次	2023 年 12 月第 1 次印刷
印　刷	北京荣泰印刷有限公司
书　号	ISBN 978-7-5236-0335-2/F・1178
定　价	69.00 元

（凡购买本社图书，如有缺页、倒页、脱页者，本社发行部负责调换）

感谢我的父母罗斯（Ross）和帕梅拉（Pamela），你们给予我的那些童年礼物让我现在要为可爱的植物和可爱的小动物而战。谢谢你，塞莲娜（Selena），我的姐姐，你陪伴我探索了每一只蝌蚪、每一只海龟和每一棵树！

谢谢你，阿尔文（Arwen），你给我带来永远的灵感。

特别要感谢我的孩子赫克斯利（Huxley）和勃朗特（Bronte），你们身上一半是澳大利亚血统、一半是美国血统。你们是真正国际化的一代，在应对当前气候危机这种极端挑战和巨大机遇面前，我们已经没有国界之分。我为你们而战。

感谢你们，亲爱的读者，为了让这个世界更美好，你们最有可能成为我们的志同道合者，与我们一起战斗到底。

目录

引言　为什么要写这本书？　　　　　　　　　001

第一章　最幸运的国家　　　　　　　　　　　011

第二章　紧迫性与排放物　　　　　　　　　　027

第三章　能源　　　　　　　　　　　　　　　041

第四章　澳大利亚能源现状与抉择　　　　　　051

第五章　万物电气化　　　　　　　　　　　　085

第六章　便宜而且越来越便宜　　　　　　　　097

第七章　住宅电气化　　　　　　　　　　　　109

第八章　被碾压的矿石——出口型经济　　　　133

第九章　为什么政客和法规很重要　　　　　　149

第十章　融资助力我们摆脱化石燃料　　　　　181

第十一章　我们需要这样的世界　　　　　　　187

第十二章　富饶的澳大利亚　　　　　　　　　191

注释　　　　　　　　　　　　　　　　　　　197

附录　能源利用标尺　　　　　　　　　　　　201

致谢　　　　　　　　　　　　　　　　　　　203

译者后记　　　　　　　　　　　　　　　　　207

引言
为什么要写这本书?

"我们并不孤单。善良的人如果有人引领,他们将会战斗。"

——《星球大战》(*Star Wars*),波·达默龙(Poe Dameron)

孩子们说的是对的,现在是气候变化的紧急状态。这不是一次应急演练。大多数科学家认为,如果我们希望最大限度地将地球生物和生态系统的机能维持在过去一万年人类所经历过的繁荣水平上,那么从工业化之前开始,全球温升就不能超过1.5℃的界限。科学家们担心,1.5℃也是反馈回路系统中导致自然分类体系急剧失控的关键点和临界点位(tipping points)——北极苔原在释放甲烷,南大洋的磷虾在减少,亚马孙热带雨林土壤已在沙漠化,而且亚马孙热带雨林看起来像是已经开始排放二氧化碳,而不是吸收它了。这些反馈回路系统的威胁,是要中断我们独一无二的星球几千年来稳定的"黄金点"(sweet spot),而且可能永远无法恢复。这可是"我们独一无二的星球"啊。

这是一个简短而发人深省的警示,提醒我们在这场与气候的竞赛中我们已经醒悟得太晚了。如果我们任由地球上消耗化石燃料的设备自然度过其寿命期的话,那么它们产生的碳排放将足以使地球平均气温上升1.8℃左右。①这就是为什么有人倡导,要首先淘汰最大且污染最重的碳排放源——燃煤电厂。但是,即使我们提前淘汰燃煤电厂(我们并没有在格拉斯哥第26次缔约方大会COP26上对此做出承诺),我们仍然还在全球温升超过1.5℃的道路上前行。[1]

目前已到了一个全球气候变化的紧急状态,并且随着时间的推移,彻底实施减排的紧迫性只会增加。从今天起,你购买的使用任何化石燃料的设备,包括汽车和厨房炉灶,都将与气温上升不超过1.5℃的世界格格不入(你什么时候读到这本书并不重要,但这个表述始终正确)。

我们需要在人类力所能及的范围内尽早让清洁能源达到规模,无论是你的汽车、热水器、炉灶、燃气采暖炉,还是你生活、工作所在地的电厂,都要全力保证每台新生产的设备都是零排放产品,这意味着几乎所有的机器设备都是用电的,而且我们所用的电,需要由可再生能源或者是核能来生产。

这是紧迫的,并且只会变得越来越紧迫。

我们刚刚在COP26上目睹了国际社会那些应对气候变化的专家们的第26次努力过程,但这是不够的,需要更迅速地采取行动。我还没有见到世界上任何一个地方的政党以我们所需要的速度行动起来。无论是在政治层面,还是就个人而言,我们都需要寻找一切机会加速向清洁能源过渡。你将在这本书里了解到,加速这场能源革命最务实而有效的途径是"万物电气化"。

---

① 已承诺的碳排放是将会产生的碳排放,因为现实存在的设备将正常运行至其经济寿命期结束。例如,在2020年买进的一辆汽车,到2040年仍然在排放;再如,2020年建造的一座燃煤电厂,可能到2070年仍然还在排放温室气体。

为什么我来写?

我在巴德韦尔公园（Bardwell Park）附近长大，它紧邻一个高尔夫球场和一个自然保护区，公园内有一条小溪横穿而过，小溪的名字可能叫作沃尔利小溪（Wolli Creek）。过去，这个地方曾坐落在悉尼市的西南方向，而现在它已是面积超过原来两倍的一座城市，与悉尼的市郊连在了一起，并一同有了悉尼市"西部中心区"的名号。我的母亲是一位画家，我们家房子的一半是她的画室，除了画画之外，她还制作有关澳大利亚山水风景、水路航道、动植物群系的蚀刻版画。她的一半像玛丽·波平斯（Mary Poppins），另一半像大卫·阿滕伯勒（David Attenborough，BBC野生动植物纪录片制片人）。我的父亲是一位纺织工程领域的教授，也是一位实干家，他亲手建起了我们家的房子，并负责全家所有家用器具的维护、保养。他的一半像舍维·蔡斯（Chevy Chase），另一半像亨利·福特（Henry Ford）。我有一个非常美好的童年，那时，我们一家享受的幸福时光无与伦比，特别是野外探险活动。每次野外探险之前，我母亲都会把大头针插在地图上，标出我们应该游览的国家公园和湿地，我父亲则会准备好出行所需的车辆和露营装备。平时在家中，除了观看阿滕伯勒的纪录片之外，没有其他更刺激的活动。由此你可以看出，我父母的姻缘绝对称得上天堂般的幸福。

在写这本书之前，我曾在美国生活了20来年，最近才返回澳大利亚。现在以澳大利亚公民的身份来写这本书。我是当今澳大利亚气候变化论坛的一名新手，过去20年中，我只是以旁观者的身份对澳大利亚进行远距离观察。但在美国，我深度介入了能源数据信息和能源研发领域，包括成功创立风能、太阳能、天然气、氢能、蓄能以及室内供暖与制冷（HVAC，即供暖、通风和制冷）方面的技术公司（有些不那么成功）。我对多数能源技术都有广泛的了解，还有工程学和物理学方面的知识背景，并且已经在涉及美国家庭、州、国家以及国际的几个层面建立过非常详细的能源系统模型，其中包括为美国能源部建立能源模型。

我写这本书完全是出于对澳大利亚的爱。我爱她荒芜的土地，爱她精美但脆弱的动植物体系。我确信，在世界应对气候变化过程中，澳大利亚将发挥巨大的作用，这将对所有澳大利亚人民和澳大利亚环境有益。此外，我写这本书也是自己的意愿，我与澳大利亚能源经济活动没有什么联系，也没有既得利益，我有的仅仅是对这块土地和人民的关注和爱心。

我曾在澳大利亚获得两个工程专业的学位。第一个是在新南威尔士大学获得的冶金工程学理学学士学位，第二个是在悉尼大学获得的土木工程硕士学位。我在工业领域的第一份工作是就职于纽卡斯尔（Newcastle）的轧钢厂"线棒材"（Rod and Bar）生产线上。第二份工作则是在悉尼西部克马尔科（Comalco，曾是世界第八大铝业公司，现已并入力拓公司）公司的一个再循环冶金厂。我是一名获得联合培养奖学金的学生，我的学业由澳大利亚工业部门资助，因此我对煤炭、钢铁、铝和澳大利亚出口工业产品耗费自然资源的现状并不陌生。在去美国之前，我从事废料回收再利用的研发工作。之后，在美国麻省理工学院（MIT）获得了博士学位。

澳大利亚公职人员在提出气候方面的建议时，总是在政治方面小心翼翼，但考虑到如果有人在此问题上大胆表态会因政治原因而被革职，这也是可以理解的。而政府官员不在场的情况下，这就会变成智库、政客、咨询顾问和澳大利亚企业热烈讨论的话题，他们大部分都是代表自身的利益，没有不带偏见的观点。澳大利亚可再生能源署（ARENA）对很多方案都做了非常好的模拟，但是也不得不止于挑选"优胜者"，以免被视为这是出于政治因素或是某种偏爱。在这种不挑选"优胜者"的方式下，该署能够做的就是继续维持发展化石燃料，而不是彻底结束化石燃料的消耗。

鉴于此，关于气候变化的讨论变成了一种象征与空谈——都担心给自己找麻烦招来秋后算账之祸。因此，这些谈话内容很少会涉及10年间变化的大趋势，甚至更不会关注我们所面临的巨大机遇。像罗斯·加诺特（Ross Garnaut）和蒂姆·弗兰纳里（Tim Flannery）这样真正有胆识的人，选择著书立说的方式，把诸如"能源超级大国"（Energy Superpower）的概念变成了公众词汇，给当前局面增添了一些希望与破题之法。这是要走的正确方向，现在需要更详细地搭建普通政治家想象力缺口的"桥梁"，并为普通的投资者描绘出一张他们如何能够通向更好未来的蓝图。

澳大利亚的政策给人的感觉好像是由民意测验和选举周期来设定的，而且国家仿佛将永远处于选举周期之中。然而，从本质上讲，我们的能源系统是需要进行长期规划的。而现在允许政府机构做出模棱两可的承诺，或拖个"长腔"说市场可以解决这个问题，或归咎于技术而非税赋原因，如若继续下去，这是在逃避责任。政府的财政管理和决策将严重影响寿命期为20~50年的基础设施建设工程，政府对于采掘垦殖行业的政策决定着地球和大气的命运。对我们这些人或者说对我们这些投资者，政府应该有更好、更有远见的决策。但是，如果我们不呼吁、不提出要求，政府就不会出台这样的政策。如果你关心你的孩子、你的国家、你的环境、你的财产，这本书将帮助你了解在你给本地议员写信时应该写哪些内容，以及针对能源和气候问题你应该怎样投票。

关于第26次联合国缔约方大会（即大多数人所知的"格拉斯哥"气候会议）有很多议论声。澳大利亚宣布的承诺不那么果敢，即到2050年实现净零排放的目标，这暗含了一个不大情愿的"计划"来实现这个承诺，此外，这里头还暗藏了不少秘密。当你读完这本书时，你就有资格去评价任何政治家或者政党关于减缓全球温升"计划"的决心和现实状况。我在这本书里强烈表达了澳大利亚应当采取的技术和行动方案，以此在"第一世界"经济结构的"去碳"行动中去引领世界。我确信我们会赢得很多，但也会失去很多，我也相信通过领导能力和榜样的作用，澳大利亚不仅能领导世界，而且能推动其他国家对其能源领域采取清洁化的实际行动。澳大利亚的确应该去领导美国、督促包括英国的欧洲、与中国合作、帮助东南亚并为所有国家树立一个榜样。

我开始写这本书时正值格拉斯哥会议准备开幕的前几天。我完成这本书恰好在COP26（即第二十六届《联合国气候变化框架公约》缔约方会议）结束之后。我曾写过一本更长的书，是以美国总统和高级官员为目标，即动员他们研究气候变化的解决方案，书名为《促进电气化》（*Electrify*），由麻省理工学院出版社出版。在COP26前夕，这本书在美国引起良好的反响。我在借助书中的大多数理念的同时，将本书的重点放在澳大利亚自身，为澳大利亚量身定制其解决方案。当政治家们宣布的承诺方案不足以拯救我们的地球时，我正在奋笔疾书；当世界领袖们采取不足为信的保证和伪造数据谎称我们正在走上正轨时，我正在抗争。我对COP26的结果感到失望，正像我对COP3、"京都"（即1997年12月11日在日本京都通过的《〈联合国气候变化框架公约〉京都议定书》）的结果感到失望一样，后者是激起我非暴力反抗的第一个联合国气候会议。我曾是那一大群骑自行车者在"京都议定书"签署的前夕阻塞悉尼海湾大桥中的一员，以此抗议澳大利亚没能向该协议做出承诺。想通过联合国缔约方大会（UNCOP）来树立信心，这样的努力我们已经失败了26次。一而再再而三地做相同的事情却期望有不同的结果是极其愚蠢的。

我们需要一个能够应对气候变化的方针，以引导各国前行，而不是一个令各国畏缩不前的决策。我们需要一个美好蓝图来吸引公民参与，并且蓝图要足够详细以消除他们的忧虑。澳大利亚已做好了准备，并且无疑将成为最有可能实现这次转变的国家，向世界讲述一个正面成功的故事。这是我们能给予世界的礼物：领导力和美好蓝图，以及一个其他国家和他们的经济结构能够效仿的成功案例。

澳大利亚政府制造了许多关于"使用技术，而非税收"和"让自由市场解决问题"的声音，但是"自由市场"并不知道全球变暖的阈值应该是多少。而且，在能源和基础设施问题上，市场绝对不是"自由"的，其中的一个原因是，这个"自由市场"对化石燃料已经内置了补贴——无论是税收优惠、直接补贴企业、人为压低资源租赁费，还是低息贷款，"自由市场"不会让我们守住1.5℃以内的温升目标，因为它不会按我们要求的进度去调整能源产业结构。这就是为什么我们倾向于将此比作战时状态——市场在战时状态可以由政府决定去生产能够赢得战争所需要的物品。我们需要比市场行动得更快，这就是说政府必须要有主见，必须朝着目标努力。在这点上，"技术，而非税收"和"让市场去发挥作用"显然是进一步延误和不作为的托词。市场机制是有用的，我们应该从所有意识形态中吸纳其最佳的理念，但更重要的是，我们应该由科学来指引，让科学来告诉我们必须做什么，以使地球免受灭顶之灾——这就是，迅速减少我们的碳排放。对30年内应实现的目标犹豫不决是一种拖延战术。我们应该有应对气候变化的"五年计划"，并坚定不移地执行。

改变我们的能源经济结构需要花费约20年时间。我们必须积极行动，我们必须现在就行动。市场自身有其驱动力，我们并非毫无准备，但在我们的政治家仍然犹豫不决、无所适从的时候，我们需要行动了。

为填补大家想象力的空缺，本书所采用的能源和经济数据都是公开发布的，分析工具是与美国能源部合作开发的。我们获得成功的速度会比告知你的更快。但如果四个方面不能同时发力将会一事无成，这四个方面是：国家公共政策、私营工业、澳大利亚家庭、金融机构（这项非常必要）。

在身处逆境时，澳大利亚人民素以团结著称。澳大利亚退伍军人联盟（RSLs）、冲浪救生俱乐部、丛林大火志愿者消防队等机构和组织表明，无论是作为一个国家还是作为一个社会团体，我们都有能力解决各种问题。现在是时候需要我们拿出奉献和奋斗精神，将我们国家的行动统一到应对气候变化上了。在人类社会中，一代人经常被认为是20年左右。我们需要一代人去做这项工作。

本书要讲的事

第一章：最幸运的国家，我将介绍澳大利亚的基本情况，也就是为什么澳大利亚拥有最幸运、最便捷和最有经济效益完成"去碳"、实现净零排放的国家。电气化就是应对气候变化的"疫苗"，就像应对新冠病毒一样，澳大利亚应该努力推进，尽早前行。

第二章：紧迫性与排放物，我将坦诚地介绍澳大利亚和全球所面临的"碳"排放形势，以及为什么必须要采取行动。科学提示我们，除非我们比自由市场行动得快，否则不可能应对控制全球温升1.5℃以内。在科学和自由市场之间的一场"论战"中，自由市场或许可能赢，但科学依然是正确的。如果对科学证明的正确解决方案不采用政策激励、行政强制、资金返还和财政补贴等措施对自由市场论进行专项干预，想按时完成这个目标只是妄想。

第三章：能源，我将以能源流的方式展现澳大利亚目前的经济结构。能源流可构建一个用来解释能源如何从现在我们获得（化石燃料依赖）的状况演变到未来（化石燃料解脱）的流程图。

第四章：澳大利亚能源现状与抉择，我将讨论各种使我们完成这次关键能源转变的因素。

第五章：万物电气化，我将证明本书的核心论点你需要忘记氢能源的大肆宣传、丢掉一切依赖生物柴油运转的想法、抛却碳封存和碳负排放的妄想，将电气化作为取而代之的解决方案，并积极关注：使我们的家庭电气化、使我们的车辆电气化、使我们的商业电气化、使我们的工业电气化、使我们的农业电气化、使澳大利亚电气化。

第六章：便宜而且越来越便宜，我会通过趋势图来证明我们可从电气化解决方案的成本下降中获得巨大的实惠。

第七章：住宅电气化，我要解释为什么电气化能为你节省大笔金钱，我们即将在传统能源供应者与传统能源消费者之间进行角色转变，我们将实现澳大利亚历史上规模最大的财富转移。

第八章：被碾压的矿石——出口型经济，你将看到为什么澳大利亚工业和出口产品能对全球能源转变作出巨大贡献，与此同时，还能创造出远超我们现有化石燃料所带来的价值。

第九章：为什么政客和法规很重要，我将分析政策方面已经做的事项，以及为促使这一转变需要做的事项，从而以最低的成本和最少的冲突来实现这次大转变。

第十章：融资助力我们摆脱化石燃料，我将讨论筹资方式的重要性，既着眼于筹资的费用，更重要的还要考虑融资的可获得性。这些问题直接影响着国家的决策程序，并决定了在电气化中谁能够获胜。

第十一章：我们需要这样的世界，我将反思在我们或许能够应对气候变化的同时，仍会在其他方面将我们充满魅力且秀丽多姿的陆地和星球搞砸，因此建议我们既要大胆探索，又要谨慎行事。

第十二章：富饶的澳大利亚，展望已经在发生的未来，并提醒自己，澳大利亚拥有丰富的清洁能源，它将改变我们生活的方方面面。

当然，如果你对本书的主题兴趣盎然，想了解能量标尺和单位换算等问题的话，请读一读附录中的"能源利用标尺"，你将获得各种能量单位的概念。

第一章
最幸运的国家

- 凭借低人口密度和高可再生资源储量,澳大利亚在实现碳的零排放目标方面比任何一个发达国家都占优势。
- 只要充满信心并采取更具开拓性的行动,澳大利亚政府就能在乡村发展中节省开支、增加就业岗位、提高公众健康水平、改善环境和水质、发展自己的出口型经济并解决历史遗留的发展不平衡问题,而这一切都有助于带动全球共同应对气候变化。

说到澳大利亚的国情与民情,不能不提唐纳德·霍恩(Donald Horne)写于1964年的《幸运儿澳大利亚》(*The Lucky Australia*)一书,时至今日,只要谈及澳大利亚人惬意的高品质生活、相对稳定舒适的社会,人们仍然会引用书中的一些生动描述。其实,这是一本批判性作品,不妨再读读最后一章的第一段:

早期的澳大利亚是一个被认为主要由一帮"二流人"(second-rate people)经营的幸运国家,这帮人分享着澳大利亚的好运。整个国家主要生活在别人的想法中,虽然普通老百姓对此习以为常,但国家管理者因为太缺乏好奇心(在各方面),以至于对周围发生的一些事经常大惊小怪。

在霍恩这本措辞严厉的大部头出版的同时,美国总统科学顾问委员会环境污染工作组发布了 1965 年环境污染报告，这份题为《恢复我们环境的质量》（*Restoring the Quality of our Environment*）的报告开篇就拉响了警报：

  我们的国家地大物博、物产丰盈。但是，支撑社会发展的现代技术却带来了大量的废物，在生产各种产品的同时，污染着我们的空气，毒化着我们的水体，甚至削弱着我们存活的能力。

  这份文件还包括该委员会中一个"二氧化碳"问题工作小组起草的报告，这个小组在报告中精准地提出：我们正面临着来自气候变化的挑战。然而，时隔半个多世纪的今天，没有哪个国家在应对这个挑战方面取得了理想的效果。

  即使如此，我仍保持乐观。通过这本书中的实例，读者会发现，澳大利亚不仅是一个幸运的国家，而且是一个最幸运的国家。只要我们让一流的人才领航掌舵，只要我们坚定信心而不迷信局外的"高人"，只要我们的普通百姓不墨守成规，那么在应对全球气候变化方面，澳大利亚将成为世界领军者。一旦担当起这个角色，我们就能使收益最大化，在惠及千家万户并大幅减少其在加油、做饭、取暖和家电等方面的日常开销的同时，还能凭借更具附加值的金属材料制品和利用国家丰富的可再生能源制造的产品，促进并改善国家出口型经济的单一性，而这样的出口导向性经济又能够修复我们的环境和土壤，避免越来越糟。

  我们手中握着赢的所有条件，同样存有输掉的所有因素。

  我们必须抛弃的并不是那些关于工作岗位、产业、传统生活方式、快乐周末、忙碌的运输卡车和烧烤的空洞说教，那只是一种文化战争中玩世不恭的哄骗，来自那些为了获得选票而说服你相信解决气候变化问题将打碎你饭碗的政客。这不是事实。相反，我们将在各行各业创造出更多的工作岗位，包括目前从事与化石能源、矿产相关的所有行业与部门。如果我们不行动，我们将无法挽回美妙而脆弱的澳洲大陆上的生态系统，这个系统养育着我们并使我们得以赓续。生死攸关之时，我要将保护这个丰润但羸弱的生态系统确立为必须大获全胜的目标，否则我们必将满盘皆输，永远失去她。

赢，赢，赢！

只要我们立即行动，减少碳排放，并鼓励其他国家跟进并保持定力，我们就握有了获胜的所有条件，并将收获更多，并不断赢得胜利。

我们首先赢得的是降低全体澳大利亚人的能源花费。开车、取暖、洗热水澡的费用将比以前任何时期都便宜，用电也将更省钱。每个家庭在能源和汽车上的年均支出大致可节省5000澳元甚至更多。我们之所以能够取得这些成效，屋顶太阳能发电是其中原因之一，借助良好的政策和培训计划，澳大利亚的屋顶太阳能发电已经成为世界上最便宜的居民用电方式。这种便宜的太阳能将为更多的电动车、制冷和供热系统以及电磁炊具等提供电力，而这正是相关开销得以节省的原因所在，这是一个十分简单的秘诀。

在赢得上述所说的首个好处——降低城镇居民能源开支的同时，我们还将迎来第二个好处：大量的本地就业岗位，排在首位的将是制造业及各种机器设备的安装与维修岗位，全国城镇及其商业基础设施的再开发，也就是我们的住房修缮和小型商业基础设施再开发需要大量的从业者。这些工作包括屋顶太阳能设备、制冷和供热系统、蓄能电池、新厨具以及车辆充电桩的安装，还有家庭及营业场所的隔热处理与修缮等。到国外去做这些工作不是澳大利亚人的强项，因为我们不擅长保养维修印度、欧洲国家或中国生产的电动车或热泵。

我们将赢得的第三个好处是，凭借澳大利亚的优势项目，造就大量盈利性出口产业。钢铁或铝的生产成本中约三分之一是能源消耗。如果拥有了全球最廉价的能源，澳大利亚就能以最低廉的价格生产出世界所需的钢铁。澳大利亚人口密度低，太阳能和风能居于世界领先地位。通过能源转换，我们能够也必将在全球的清洁能源设备制造中占据主导地位——风力涡轮机和电动汽车所需的钢材、传输线路和轻质构件所需的铝、电线所需的铜、蓄能电池所需的锂和钴、太阳能电池板所需的硅，以及核能发电所需的铀……实际上，这个清单还很长，这里只是略举几例。总之，我们不仅会在出口方面赢得先机，而且这些产业还将为本地创造出众多的就业岗位。

我们将赢得的第四个好处是，使人们活得更健康。你所在的社区如果有座煤厂（我对此感到很遗憾），肯定会对空气质量造成负面影响，除此以外，车辆、割草机或其他机器燃烧燃料，也会对当地空气质量造成严重影响（还有气候变化引发的森林大火造成的负面影响）。而家中（煤气炉）燃烧甲烷以及类似碳氢化合物燃料，是引发呼吸道疾病的主要因素。但是，正是那些巧妙而成功的公关活动，让人们把这种有毒的可燃气体称为"天然气"。在我们为保持自身健康所做的各种努力中，有许多是可以有助改善气候的，例如少吃肉、多徒步、常骑行等。而减缓气候变化的各种努力，也将有助于增强我们的体质以及提升我们的生活品质。我们的空气、水源、郊野、职场、学校、教堂以及图书馆等都将更为洁净，甚至连我们的海洋水质都会变得更好。

我们将赢得的第五个好处是，保护我们的秀美山川。我们应该能够拯救一些珊瑚礁，避免更多森林遭到涂炭，实现土地的可再生力，改善水运航道的质量。我们休闲时前往的灵山秀水会更加美丽。在学会关注全球气候变化的过程中，我们也还将有机会解决人类与自然之间的冲突。从世界各地原住民尤其是澳大利亚原住民那里，我们知道了人类既可以拥有美好的生活，又可以与这片土地和睦相处。这绝不是建议人们要放弃科技以及其他方面的进步，而是倡导将人类对自然的攫取关系转变为人类与自然和谐相处。

我们将赢得的第六个好处是，解决各种不平等问题。在应对气候变化方面，有一点很容易理解，那就是我们不能只顾及一部分人的利益。你不能只让富裕人群赞同和能够负担得起应对气候变化的各项举措，而忽略另一半人群。2021年，对于应对气候变化的许多新技术、新产品，许多人都可能感觉难以负担其费用，如电动汽车、屋顶太阳能设备、家用蓄电池以及制冷与供热系统等。在应对气候变化方面，如果我们想真抓实干的话，我们就需要用实际行动在帮助每个人都能用得起这些新技术和新产品。这是前所未有的事情，如果我们能保证每个家庭都做到这一点，就需要设法确保每个家庭的总体收入水平能够承受住这次转型，并且都能从澳大利亚这个崭新而富有的国家得到好处。

我们需要在人们的心中描绘出更多去碳化生活的美好愿景，以此告诉他们，那样的生活场景更宽广、更明亮、更优良、更健康、更富足、更友好。总之，会更具吸引力。

让我们立刻行动起来。

绝非戏言

本书希望你能够了解，通过"万物电气化"的途径，我们能够建成一个零碳排放的澳大利亚，在我们思考如何快速和深度减排以及应对气候变化时，这堪称一条上上之策。

然而，许多人还有一些别的想法，也许这些是你在圣诞餐桌上从"顽固"的婶婶那里听来的。如果你仍然相信其他一些策略管用，那么与其努力让你弄懂关于"万物电气化"的长篇大论，倒不如把你从当前一些不切实际的想法中解脱出来。

碳封存不能解决问题

大多数情况下，碳氢化合物在燃烧前是处于液体或固体状态的。当你燃烧它们时，其分子体积将扩大3倍，因为燃烧后每个碳原子都增加了2个氧原子。在它变成气体（二氧化碳）时，其体积还将增大约5000倍。人们支持使用化石燃料是基于如下观念：假设你能够捕捉到二氧化碳并将其掩埋，持续使用化石燃料就没有什么问题。然而，捕捉二氧化碳需要昂贵的过滤设备，即使你不在乎资金成本，其运转也离不开大量的能源消耗。

因此，这种想法就相当于先消耗更多的能源去捕捉二氧化碳，接着又用更多的能源去压缩二氧化碳，然后再用更多的能源把二氧化碳搬运到其他地方。而这样做的前提还必须是这些地方的地质构造允许你将二氧化碳成百上千年地藏于其中，并将二氧化碳最终转化为岩石。如今，我们每年要从地下挖掘出100多亿吨的化石燃料。它们会转化为300多亿吨的二氧化碳。希望你相信使用化石燃料的行业，因为他们有能力处理掉二氧化碳，因此集中排放更多的这些气体不是问题。但是，我们现在只是依赖不切实际的碳封存能力来抵消掉"超排"的部分，而事实上，将升高的温度控制在1.5℃以内的目标是难以实现的，并且将不得不采用"碳负排放"来完成这个目标。简言之，碳封存只会让化石燃料更加昂贵，而且与廉价的可再生能源相比将更加缺乏竞争力。我们甚至没有足够的碳封存能力来维持现有部分化石燃料行业的运行。将来，我们也不太可能具备足够的能力恰好冲抵现在的超排部分，更别说要持续抵消化石燃料排放的二氧化碳了。

无论从哪个角度讲，电气化的费用都会更加便宜，而且能够把我们在提高生活品质过程中所需的能源总量削减一半。

气候工程指望不上

大部分气候工程都属于太阳光辐射管理范畴。该想法就是通过阻挡部分阳光的辐射，从而阻止地球大气温度进一步升高。你一旦被迫走上了这条路，就不得不永久地维持它的运行。这样甚至比处理遗留的核废料更加糟糕。如果我们一边实施这些气候工程，一边仍向空气中排放大量二氧化碳，那么由于下列原因，我们就可能不得不停下此类工程，比如它们过于昂贵，或运行过于困难，甚至可能引发政治问题。如果这样，我们在突然间就将经历一个全球变暖的极速峰值。即使人们能有效管控太阳辐射，海水也会持续酸化。当然，为应对一些不可预见的问题，我们可能需要一些气候工程，所以不应该停止对它的研究。

然而，它在技术上还不具备可行性，况且在时间上，我们也等不起。我们现有的技术可以实现万物电气化，现在需要的只是行动。

氢能只是一个可选项

氢能是能量蓄水池而非能量之源。真正零排放的制氢过程必须从清洁能源中的电能开始，可是这一过程就像能量转换过程中要消耗能源一样，会浪费掉一多半的能源。总之，氢能主要是用来储存电能的，但这种做法既兜圈子又非常低效。如果我们在能源经济的多数领域使用氢，那么我们需要生产的清洁能源总量必须是目前的 2~3 倍。相对于储存电能这件大事而言，成本高倒是次要的，主要是氢气的运输缺乏便利性。当然，燃气行业希望为推广氢能去游说，倒是有些明确理由。鉴于澳大利亚对氢有许多不切实际的期待，以及围绕着氢所展开的大肆宣传，我们将在第四章对此进行详细讨论。

执着于杜绝浪费不是治本之策

当水沟里的塑料袋随风飘舞时，其景象甚为难看。我们扔掉的软饮料罐、外卖包装盒、一次性咖啡杯等，其数量之大令人瞠目。这是事实，值得重视。但是，塑料回收和购物袋再利用对气候变化的影响可以忽略不计。塑料制品中的氮氧化物排放对气候确有影响，而且我们也应该寻求替代品，但这并不是主要问题。我们的确要在减少使用、重新使用以及循环利用方面着力，但是我们更应该关注的是清洁电能和减少碳排放问题。即使我们都用保温杯、不锈钢水瓶和帆布手提袋，我们也不可能对气候变化产生多大影响。实际上，仅靠这些我们是很难解决气候变化问题的。相反，如果我们实现了万物电气化，那么就可以解决绝大部分现有的问题。

素食主义不能让我们如愿以偿

减少肉类和乳制品的消费，特别是减少与牛羊相关联的产品（肉和乳制品）消费，以降低对气候的影响，这对个人是最容易做到的。但是，单靠这些不可能解决气候变化问题。在全球温室气体排放中，农业方面的排放，其占比不超过 20%。显然，温室气体排放中占比最大的部分来自能源消耗。这正是我们要实现电气化以及在能源使用中去碳化的原因所在。

食肉会带来一些问题，其中之一便是种植饲料作物需要占用大量土地；

另外，那些反刍动物（牛、羊）打嗝会喷出甲烷气体。甲烷作为温室气体，其危害较二氧化碳更严重。依靠规模化的基础设施、良好的土地管理以及新的低碳农业替代方案，将有助于降低肉类产业对气候变化的影响。当然，我们没有必要完全放弃吃肉，但确实需要更加关注这个问题。目前，肉类和乳制品的替代品数量正在迅猛增加，品质也在快速提升，这也将有助于我们进一步降低食肉产业对气候变化的影响。

人口过剩不是问题

许多人似乎仍然相信全球人口只会正增长，不会停止，这也是人类面临的主要问题。最近，对 10,000 名年龄在 16~25 岁的年轻人进行的一项调查发现，其中约 4 成的年轻人因为气候变化问题不愿意生养孩子。对于他们而言，这种误解和由人口增长带来的恐慌不会就此止步，我们应该帮助他们消除这些疑虑。人口专家预言，全球人口达到 100 亿 ~110 亿时，或将处于平稳状态。[2] 当前全球有大约 79 亿人，让我们以此为基数做些讲解。从能源角度看，仅澳大利亚接受的阳光照射量，就是当前世界能源需求总量的数倍，而且这还只是一种形式的可再生能源。世界上所有人需要多大空间？Wait But Why 网站以有趣的方式探讨了一些快速的计算结果，79 亿人肩并肩地站在一起，大约可站满一个边长为 27 千米的正方形广场，面积也就是 729 平方千米。

整个悉尼地区是 12,369 平方千米，而塔斯马尼亚岛是 68,401 平方千米。所以，仅悉尼一部分区域即可容纳来自各大洲、肩并肩站在一起的全世界人口。很显然，人们不可能以此方式来过日常生活，但它说明了地球上的空间确实非常大。当然，单纯论及空间和能源，这样的例子还有很多。世界人口的增长并不会导致地球丧失其容纳能力。此外，我们所知道的减少人口增长和改善生活质量的秘诀,就包括拓宽年轻女性接受教育的渠道。我们可以通过对女性增加投资和发声来降低人口峰值。

模仿传统生活似是而非

我们的祖先生活在"与自然保持平衡"的状态中,但这只是一种浪漫的想象,并没有证据支持。实际上,汉斯·罗斯林(Hans Rosling)在其《完美无缺》(Factfulness)一书中对此已经做出了详细论述,我们的祖先是"在与自然保持平衡中死去",而如此高的死亡率对自然的影响却很小。正如该书所说,"这是绝对的野蛮和悲惨。"[3]

从全球范围看,人类的预期寿命仅在过去的 200 年中就提高了 1 倍多(从 1800 年的 31 岁增长到 2017 年的 72 岁)。也是在这 200 年间,儿童 15 岁前的死亡率也下降到了原来的十分之一(从 44% 降到 4%),而世界范围内具备基本阅读与写作能力的成年人已从 10% 增长到了 86%。粗略计算,在过去的 90 年中,每英里(1 英里约合 1.609 千米)旅程的飞机事故致死率已缩减为不足过去的 0.05%;最近这 20 年内,全球范围的极度贫困群体较诸以往也缩减了一半左右。在一段不长的时间内,人类已经取得了大幅度的进步,但这并不是说今日万事皆已完美,我们还有大量的工作要做。有些事情我们还要从历史中汲取营养,但如果我们戴着有色眼镜去看历史,将无益于为人类建设一个更加美好的未来。

核能怎么样?

仍然有大量老人(大多数是白人),他们中的大多数似乎仅因为拥有物理学或核工程学学位,就坚持认为如果没有核能就无法应对气候变化问题。其实,没有核能,仅仅依靠可再生能源,这个世界也能应对气候变化引发的危机。但如果适当利用一些核能，会使这项任务完成起来更容易一些。这是一个"可有"但"还需"的处置方案。"可有"是指拥有一些核能更好。"还需"是指需要有大量的太阳能、风能、水能以及制冷与供热系统、电动车以及蓄电池。其实澳大利亚无需核能，因为这里气候温和、资源充足，但我们倒确实拥有大量的铀矿，来助力需要走核能之路的国家。这些国家往往阳光稀少或过于寒冷或人口过多，因此，如果仅仅依靠可再生能源，会面临很大挑战。

可再生能源潜力巨大

澳大利亚能够生产的可再生能源数量远超自身经济需求，我们可为未来储存许多可再生能源。我们现有的能力足以让我们应对阳光不足的寒冷季节，而在阳光充足的温暖季节则会产出富余的可再生能源，这部分富余的能源可出口给其他国家。

植树造林作用有限

植树造林是应对气候变化的一种奇思妙想。即使我们雄心勃勃地说至少可以种数万亿株树木，但它对气候变化的影响也不大。千方百计雇请别人为你去种上一些树，或者你亲自种上几千棵树，如果我是一个青少年，做这事倒不难，而且十分有益。然而，要真正解决气候变化这个棘手的难题，还是需要在生活中实现"万物电气化"，因为你往返郊野去种那些树木，也得使用汽车作为运载工具。

仅靠碳税解决不了问题

征收碳税并不是一个解决办法。碳税是一种市场调节工具，可以促使所有其他解决方案相互竞争。征收碳税意在缓慢提高排放二氧化碳的价格，使化石燃料逐步失去竞争力。这一思路就是通过足够高的碳税，使得所有化石燃料至少比其他替代品昂贵，如此一来，在一个完美理性的市场中，将激励人们使用那些替代品。

如果我们在20世纪90年代就开始征收碳税，或许税率已经足够高了。但是，即便达到我们现在税率的100%，未来的税率也许仍要快速提高才行。这一方式在实施上难度颇大，税率水平也难以回降，这对低收入人群打击很大。它的效果大概与取消化石燃料补贴相当。但无论如何，在许多市场中这样做的效果对于支持选择替代解决方案，会发挥关键作用。可是等到我们有政治意愿去施行碳税的时候，使用蓄电池的可再生能源将比化石能源要便宜了。

原材料和工业经济去碳化，这是一个终极目标，真正达到这个目标却十分困难。就促进目标实现而言，碳税还是有用的。但是仅凭这一措施并不足以快速推动人们实现一些转变。

采用新技术和新产品会产生什么影响？

在强调气候变化的危害时，我们需要注意自己可能做错什么。别忘了，正是因为信了"这是一个恰逢其时的好主意"，煤炭、石油、天然气和核能都得以现身江湖、大展身手。我们是否拥有足够的物质来实现这样的清洁能源替代方案，有人仍心存疑虑，手里捏着一把汗。有的人还担心会产生浪费。是的，结果确实难以预料，但我们应该马上聚焦在这些事实上：眼下，一个澳大利亚人每年平均用去约6000千克的化石燃料，如果算上出口，则会达到人均23,000千克。即便是6000千克也不是一个小数目，它大约等于每人每年排放了17,000千克的二氧化碳。

假如我们换个做法，情形又将怎样？同样的生活方式，假设完全以电能为支撑，每人每天需耗费 96 千瓦·时，每人平均有 4 千瓦的常规发电功率即可。考虑到每天不会总在刮风或总有日出，如果我们可以以一半太阳能、一半风能来发这些电，并将其中一半储存于电池内，我们对相关配套原材料的需求就会大幅减少。能减多少？假设风力涡轮机的工作寿命为 30 年、太阳能设备为 20 年、电池为 10 年（就我们今天的技术而言，这些数据都是能够达到的），那么我们每人每年需要的风力涡轮机、太阳能设备以及电池材料的重量大约分别为 50 千克，即总共 150 千克。制造风力涡轮机的主要材料是钢材、铜及一些玻璃和塑料，制造太阳能设备的材料主要是玻璃、铝合金及少量的硅，电池则是由锂和其他可在相当程度上予以回收的材料制成。这些材料中的 80% 或更多都可进行再生处理。如果我们积极地循环利用这些东西，每人每年对相关原材料的需求量或许有 15~25 千克便已足够，而我们在今天的碳基经济中给地球制造的负担则为 6000~7000 千克。两相比较，后者如高山之重，前者不过杯水之轻。而且无论是原始含碳物还是其燃烧后产生的二氧化碳，实际上都不可能循环利用。

对这种生活方式，我们有理由去期待。15~25 千克的材料，仅为 6000 千克的 0.3% 左右，是目前个人二氧化碳"贡献值"的 0.1%。利弊得失已展现在眼前，你应该从中看到希望，对前景感到乐观。我们能够成为地球最好的管理员。

我们能够制造出足够多的蓄能电池吗？

我们需要大量的蓄能电池，对此别无选择。不管怎样，在现有的制造能力下，实现这一点并非不可能。未来 20 年，如果用电动汽车将澳大利亚的 2000 万（全世界的这个数字是 10 亿）私家燃油车替换出来，我们就需要海量的蓄能电池，或者说每年需要 600 亿块左右的"18650"型蓄能电池，所谓"18650"是指电池直径为 18 毫米，长度为 65 毫米，其尺寸略大于手电筒所用的 AA 型电池。这一数量少于当今世界每 900 亿颗子弹的制造量。如果你仅仅需要一组统计数字去总结人类做错了什么事，那就是我们每年仅仅制造了大约 190 亿块乐高积木，却制造了 900 亿颗子弹，这些子弹足以在一年内把地球上的每个人枪击 11 次！我们为何不能设想，在这个世界上将乐高积木的生产量提升到 900 亿块，同时将子弹的消耗量减到 10 亿颗？我们需要大量的蓄能电池，而且这能够办到。我们需要的是蓄能电池，而不是子弹。

慎对末日论者的奇怪言论

因担心和忧虑气候变化而感到恐惧不已，这样的人为数不少，尤其是在我们的青年群体中。来自老一辈的灰暗想法和厄运预言也并不少见。各个时代都会有末日论者出现。悲观主义导致怠惰无为，但这无济于事。更为重要的是，我们有机会去争取一个未来，而这个未来比末日论者所能想到的要光明许多。无论从哪方面看，现在都是人类历史上生存发展的最佳时期。我们有事要做，特别是在应对气候变化方面，但是应采取正确的行动，唯此，我们才能让这个最佳时期在人类历史上的今天乃至今后都能延续下去，一直走向未来。让我们集中精力建设更加光明的未来吧！当有人试图以消极否定的意见和行为向我施压时，我通常会对他们大声说："好吧，末日论者，请问，你有更好的主意吗？"

一个幸运国家的一段幸运时期

毋庸置疑，我们将会在历史上发起一场最具变革性的运动——这场运动会让我们与地球之间现存的攫取关系予以重新定义，从而使我们的步履更轻快、生活更提质。这也许正是这个最幸运国家最幸运的一段时期。

第二章
紧迫性与排放物

- 只有采取战时应急响应方式才能避免气候灾难。
- 现有机器设备在燃烧过程中的过量碳排放会导致温度升高1.5℃以上。
- 我们必须采用比市场经济更强有力的手段。

　　本书旨在放眼未来，寻求解决之道，而不是对过去求全责备。在考察化石燃料导致的结果以前，让我们先花点时间来感谢化石燃料为今天的繁荣所作的贡献。在开始使用化石燃料时，我们并不知道它所带来的危害。毫无疑问，这些化石燃料帮我们降低了婴儿死亡率、增加了预期寿命、减少了绝对贫困、减少了手工劳动、提升了生活品质等，而且还为我们带来了进步和繁荣。1896年，也许更早一些，我们对排放问题才刚有所了解，[4] 但直到美国航空航天局（NASA）科学家詹姆斯·汉森（James Hansen）1988年就此在美国参议院作证之后，气候变化问题才引起了公众的广泛关注。

　　我们都知道人类对能源的需求，但现在已很清楚的是我们不能再有二氧化碳这种副产品了。图2.1客观地展示了近代以来人类活动导致的排放情况。这种情形是从工业革命以及人们发现煤炭可以驱动蒸汽机的时候就开始了。英国和欧洲就是借助这些化石燃料走向繁荣的。

大转折

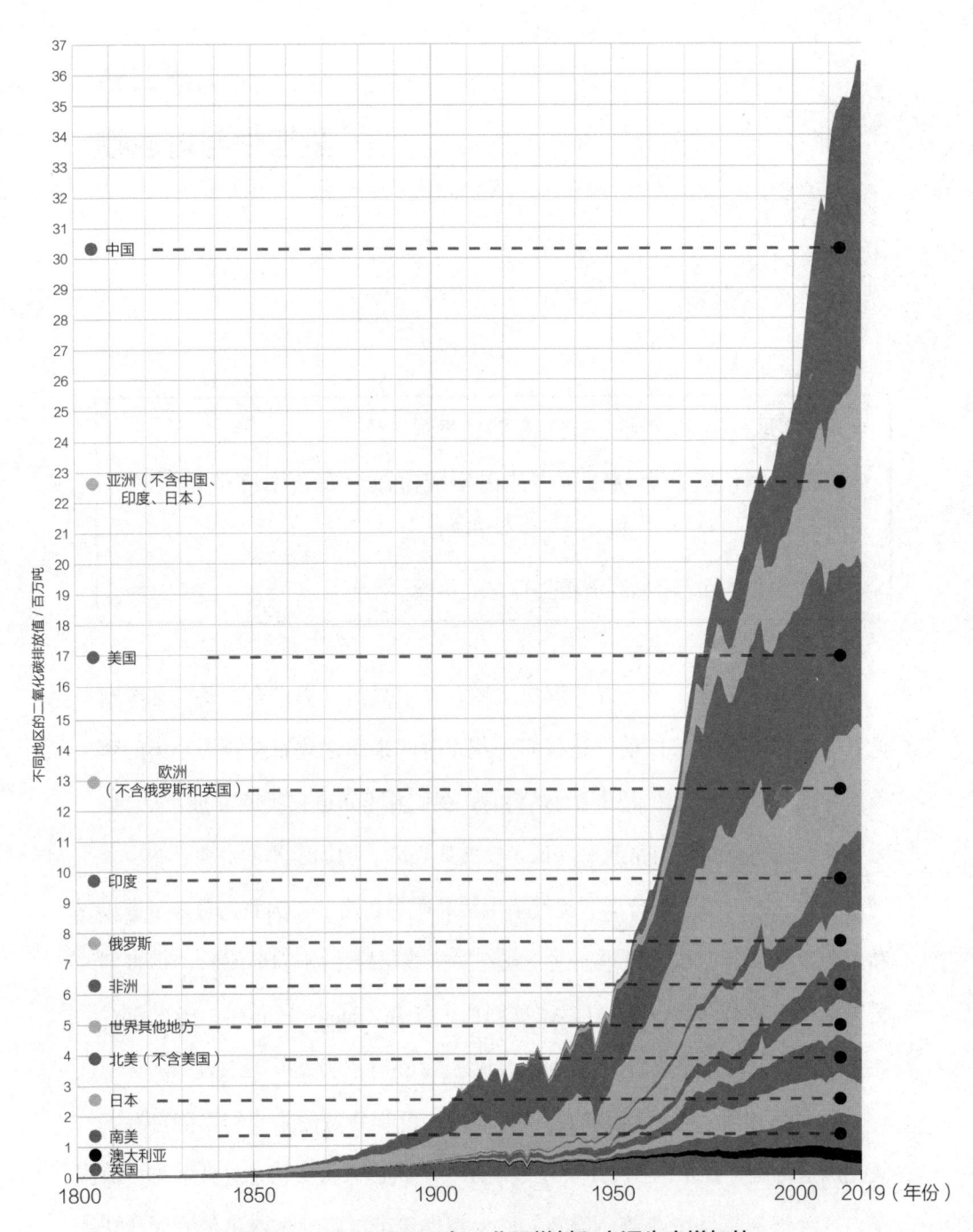

图 2.1 1800~2019 年，化石燃料和水泥生产增加的二氧化碳排放及各国的情况

资料来源：《全球碳项目》（*Global Carbon Project*）。

从图 2.2 中，我们可以看到各国向大气层排放的二氧化碳累计值。到目前为止，大部分排放来自美国和欧洲。

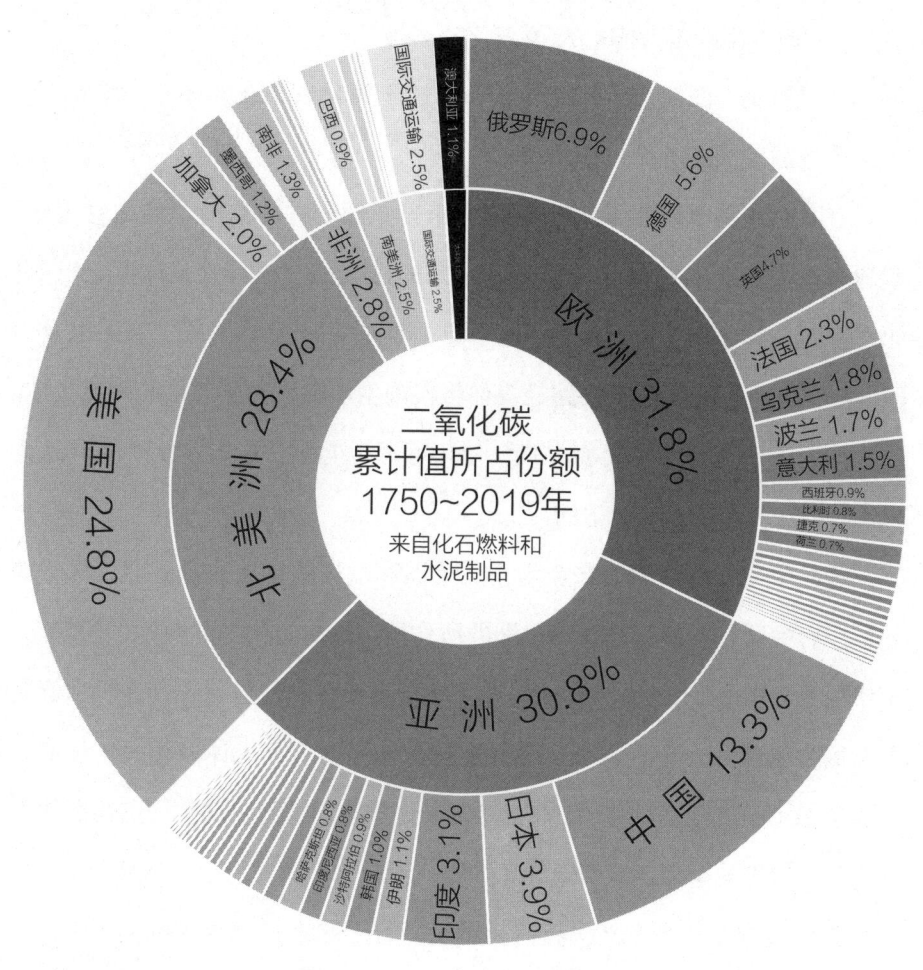

图 2.2　1750~2019 年，各国在二氧化碳排放总量中的占比

欧洲
占全球排放31.8%
131亿吨CO_2

亚洲
占全球排放30.8%
127亿吨CO_2

北美
占全球排放28.4%
118亿吨CO_2

非洲
占全球排放2.8%
12亿吨CO_2

南美
占全球排放2.5%
10亿吨CO_2

国际交通
占全球排放2.5%
10亿吨CO_2

大洋洲
占全球排放1.2%
5亿吨CO_2

资料来源：《全球碳项目》。

澳大利亚的排放占比为 1.1%，是人均排放的 3~4 倍（考虑到我们只占全球人口的 0.33% 左右）。事实上，如果考虑到煤炭和天然气的出口因素，澳大利亚的占比远超 1.1%，应该在 3%~4%。

尽管如此，图 2.2 列出的也是一个过于简化的情况。图 2.3 展示的是 2019 年各国的排放情况。

中国现在是主要排放国，但其中相当一部分排放是为了满足对美国、欧洲和澳大利亚的产品出口需要。未来的排放大户很可能是印度、巴西、印度尼西亚和非洲，以及美国和中国。如果这些国家和美国、英国以及中国同样依赖化石能源的发展路径，你将很难生活在自己所期待的环境之中。如果他们采取可持续发展的方式，使用可再生能源、核能并使终端产品电气化，那么我们还是有希望的。

这几张图告诉我们，迄今为止北美洲和欧洲的排放数量最多，尽管如此，今后中国、印度、巴西和非洲的所作所为将决定我们共同的气候状态。不幸的是，图 2.2 和图 2.3 常被用来互相指责或评判孰是孰非，并没强调我们共同生活在一个大气层中，气候变化的未来与所有人休戚相关。正如卡尔·萨根（Carl Sagan）所说，"二氧化碳分子特别笨，它没有一点儿国界的概念……国界与全球环境问题并无关联，没有一个国家能独善其身。"

相互抱怨没什么意义，我们要做的是行动起来，看谁能树立更宏伟的目标从而奔向更美好的明天。假如澳大利亚能走出一条令人向往的零碳排放之路，届时就会有很多国家前来仿效。如果不能目睹更好的前行之路，发展中国家就会继续走过去那种依赖化石能源的老路。如果现实中有一个可持续发展的成功例证，我们就会有更多希望，也就是，这些国家绕过污染的生产方式，去追求那些明显符合国民利益的发展道路。

澳大利亚要做的是停止指责其他国家的行为，停止为自己的不作为、

第二章　紧迫性与排放物

图 2.3　2019 年全球各国的排放情况。澳大利亚承担了其中的 1.1%（按统计），如果算上出口的化石能源所产生的排放，则为 3.4%（虚线框内）

资料来源：《全球碳项目》。

从化石能源中牟利的行为寻找说辞。总得有人带个头，澳大利亚当仁不让。

排放轨迹

如果在 2020 年到 2030 年这 10 年期间不能把升温控制在 1.5℃之内，我们的气候将变得无法收拾，关于这一点人们已经形成了广泛共识。图 2.4 为我们展示了减排问题的紧迫性。我们不能指望大量实施负排放，要实现这个目标，就要在 2030 年前减少排放 75%。每拖延一年就越难实现目标。如果我们不能在这 10 年采取决定性行动，机会就错失了。

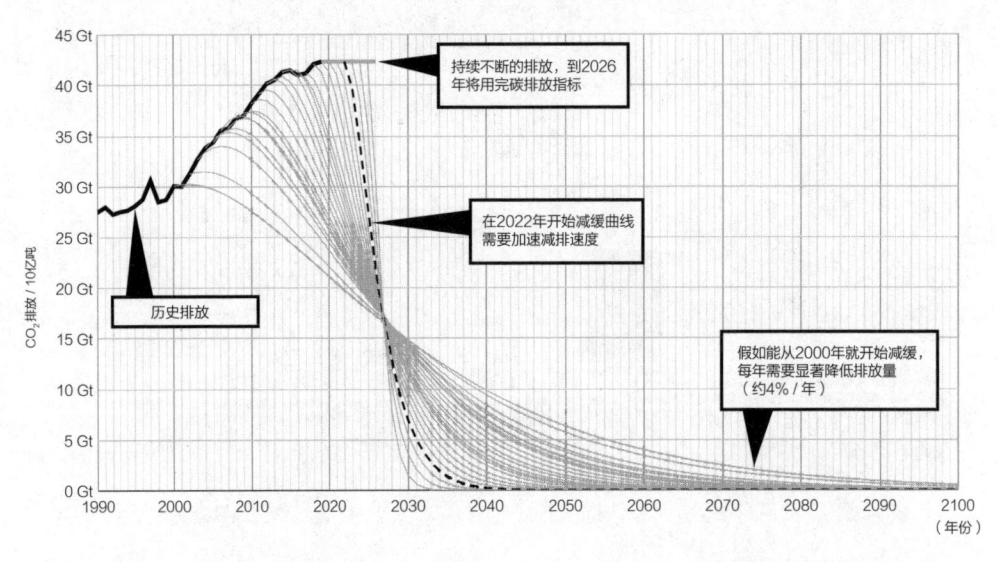

图 2.4　将全球升温控制在 1.5℃以内所需的减排路径（不考虑负排放情况）
资料来源：《全球碳项目》。

许多国家的政府寄希望于未来的大量"负排放"，这就给他们自己和国民造成一种错觉，好像政府已经做得很好了。图 2.4 清楚地显示了以前所未有的规模进行封堵二氧化碳所带来的问题。每拖延一年，降低排放的曲线斜率就会变得越发陡峭。如果到 2026 年没进行任何削减，在不安排一定数量负排放的情况下，我们就不可能实现将温度升高控制在 1.5℃以内的目标。让我困惑的是，我们正以超越任何一种工业的规模，用一项尚未被证明的技术，赌上我们唯一的地球家园。

因为这是一本实话实说的书，所以我尽量讲得更具体一点儿。图2.5（a）将1.5℃和2℃的排放轨迹放在了一张图上。图2.5（b）显示的是使用寿命为20年的以化石燃料为动力的设备以及这些设备使用清洁能源时的对应效果。100%的替换率，也就是每一台设备在其寿命终期都被替换，这样20年后所有设备均采用清洁能源技术。如果只有50%的替换率，这样20年后只有一半的设备采用新（清洁）能源技术，另一半仍使用化石燃料，继续排放二氧化碳。若要使我们能继续停留在气候变化的时间窗口内，就要从现在开始实现50%以上的替换率。要接近1.5℃的温控目标，我们需要尽快实现100%的替换率。图2.5（c）强调现实生活中不同设备的寿命期也是不一样的。热水器和炉灶的平均寿命约为10年，轿车和卡车的约为20年（即在被送到废车场前），现在新建的燃气或燃煤发电厂为40年左右。假如我们有足够的决心，那么每次有人想更换那些消耗化石燃料的设备，不论是燃气热水器还是燃油汽车甚至发电厂，都应该采用电气化产品。这种情形堪称完美，是100%的替换，这样你就不必等到设备报废才将其丢弃。希望这能使你清醒起来。如果我们尽可能做好，立即让那些巨型工业消费者实现电气化，尽快将电力供应转换到可再生能源电力系统，然后全球其他人也如法炮制，即便如此，气温上升还是会超过1.5℃。

这就是我们面临这种紧迫局面的原因，需要按战时状态采取行动。这也是为什么我们要将那些排放严重的燃煤电厂在寿命期到来之前使其提前退役，也是为什么我们需要投资所有能够找到的负排放技术，同时电气化

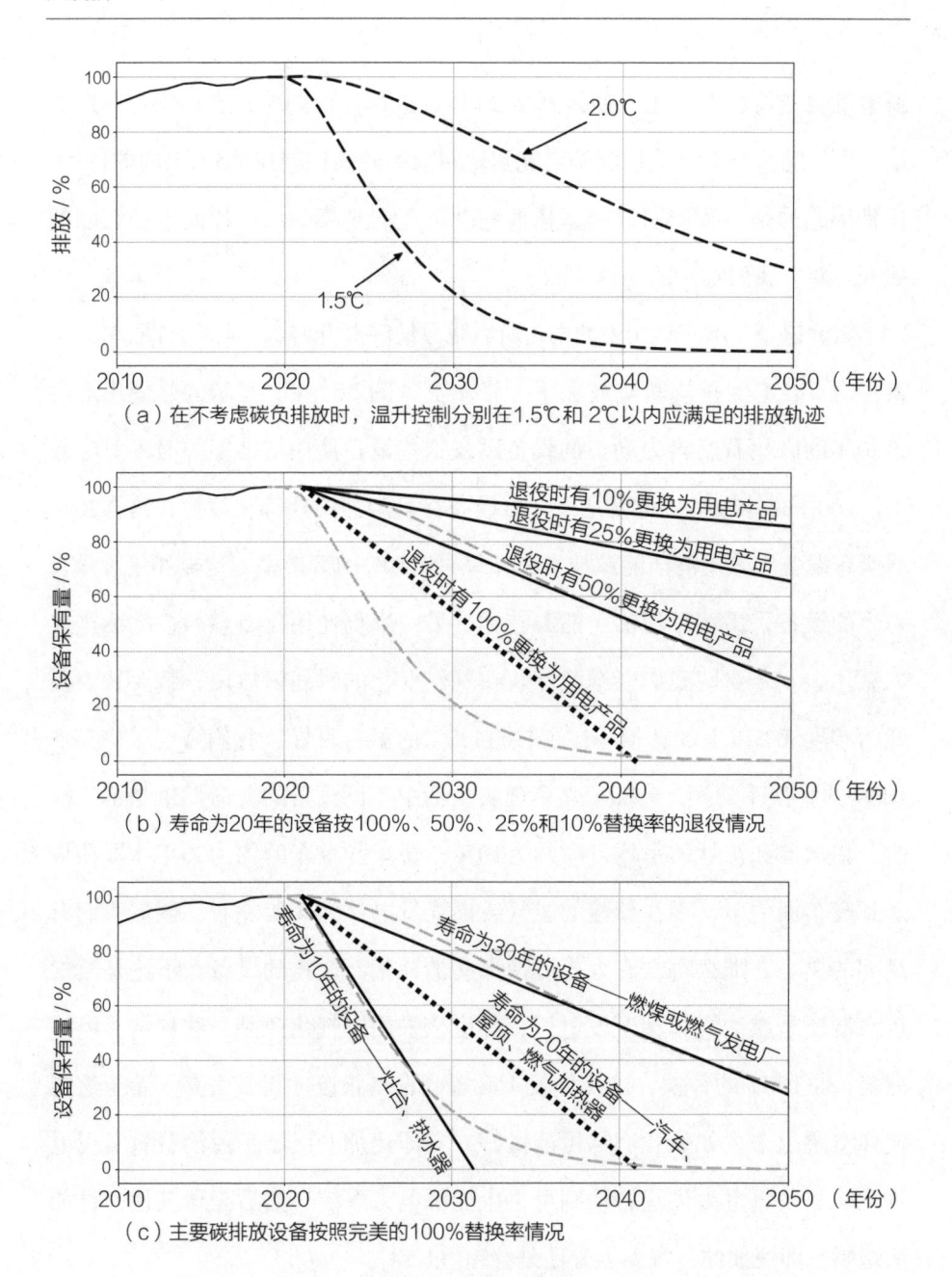

(a) 在不考虑碳负排放时，温升控制分别在1.5℃和2℃以内应满足的排放轨迹

(b) 寿命为20年的设备按100%、50%、25%和10%替换率的退役情况

(c) 主要碳排放设备按照完美的100%替换率情况

图 2.5　碳排放示意图

所有的设备，而不是用负排放来代替它们。

图2.5应该已经说明了这一状况。我们的确处于紧要关头，需要切实做出回应，而不是随意地等待市场或上帝的施舍。要接受"2050年净零排放"这一现实，是澳大利亚政府迄今所承诺的最佳目标。政治家们玩弄文字游戏的能力令人叹为观止，他们希望你要么发现他们所说的太过含混，只能相信他们继续去做点"什么"；要么自己太蠢、太忙、太疲惫，没心思关心这些事儿；要么孤陋寡闻，没注意到他们根本就不知道自己在说些什么；要么相信说客们向他们兜售的那些建立在清洁煤和燃气基础上的经济复苏那一套鬼话。我认为全体澳大利亚人民都应该有更深入的了解和更好的期许，让政府官员和议员们都行动起来，否则这一切就不会改变。

澳大利亚的排放问题

改革能源体制是为了降低碳排放。但是我们首先应该知道我们的排放来自哪里，去了哪里。政府间气候变化专门委员会（IPCC）要求各国政府按照分类规范提交详细报告。政府机构将所有指标都解释清楚并非易事，但这些记录却很有意义。澳大利亚存在的问题是报告中不涉及出口部分。如此一来，像我们这种出口大国，会导致对排放认识的偏差，不仅妨碍了本地经济去碳化进程，而且还埋没了澳大利亚成为高载能产品零排放出口国的巨大机会。在构建未来产业的过程中，澳大利亚实际上可以对世界的去碳化作出贡献。

图2.6表明，澳大利亚最大的排放源是发电厂，它们主要是燃煤电厂。化石燃料的开采和加工（并不燃烧，仅是探矿、为燃烧做准备，既包括澳

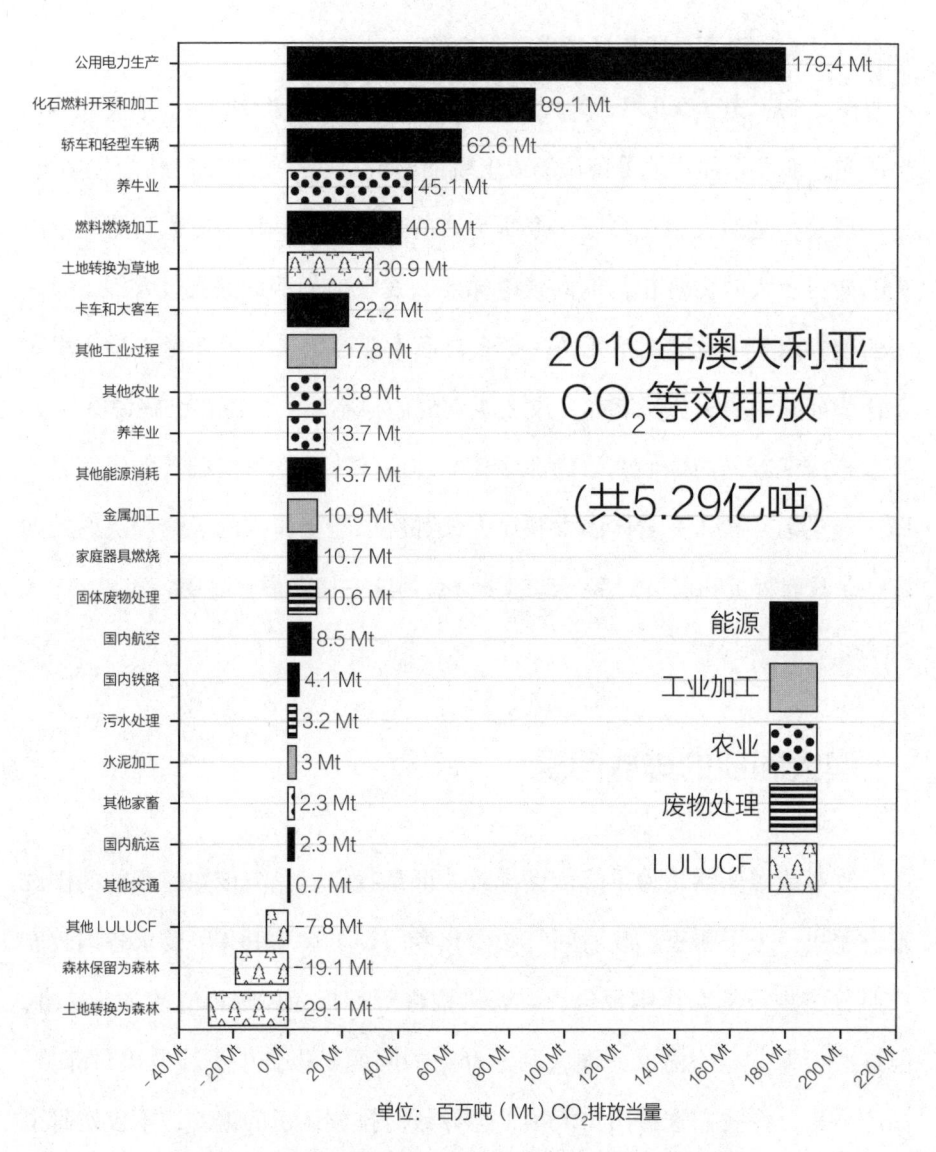

2019年澳大利亚 CO₂ 等效排放（共5.29亿吨）

公用电力生产	179.4 Mt
化石燃料开采和加工	89.1 Mt
轿车和轻型车辆	62.6 Mt
养牛业	45.1 Mt
燃料燃烧加工	40.8 Mt
土地转换为草地	30.9 Mt
卡车和大客车	22.2 Mt
其他工业过程	17.8 Mt
其他农业	13.8 Mt
养羊业	13.7 Mt
其他能源消耗	13.7 Mt
金属加工	10.9 Mt
家庭器具燃烧	10.7 Mt
固体废物处理	10.6 Mt
国内航空	8.5 Mt
国内铁路	4.1 Mt
污水处理	3.2 Mt
水泥加工	3 Mt
其他家畜	2.3 Mt
国内航运	2.3 Mt
其他交通	0.7 Mt
其他 LULUCF	-7.8 Mt
森林保留为森林	-19.1 Mt
土地转换为森林	-29.1 Mt

图例：能源、工业加工、农业、废物处理、LULUCF

单位：百万吨（Mt）CO₂排放当量

图 2.6　2019 年报告中的澳大利亚排放分类（概述）

LULUCF：土地使用、土地使用变化和林业。

资料来源：《2019年澳大利亚巴黎协议详细目录》（*Australian Government Paris Agreement Inventory 2019*）。

大利亚国内，也包括其他国家）是第二大排放源。轿车、皮卡和四驱车排在第三位。紧随其后的是养牛业。并非所有的牛都在国内供人们消费，有一半以上的牛肉和奶制品用于出口。

换句话说，澳大利亚的碳排放主要是来自出口产品的生产、发电、驾车、农产品生产以及居家生活和小型企业。但需要再强调一遍，这并不是故事的全貌。

为了更容易理解，我们根据图 2.7 中列明的排放数据运用桑基流程图[①]说明来自澳大利亚的碳排放情况。根据政府间气候变化专门委员会的规则，澳大利亚只有三分之一的碳排放，总数为 5.54 亿吨。问题是，我们在这里可以看到约有 40% 的排放（2.24 亿吨）是指向我们的，而且都是生产出口产品所产生的。所有这些出口产品在采掘和养殖过程中都要消耗柴油、煤炭、天然气和电力。剩下的 3.3 亿吨来自澳大利亚国内生产和生活的方方面面，比如驾车、家庭采暖和制冷、企业经营，以及食品生产。正如图 2.7 所示，仅从这些数据上看，我们实际上要对更多排放负责。我们出口的煤炭和其他化石燃料在燃烧过程中产生大量碳排放，这让我们国内的排放量相形见绌。其中大约 12.9 亿吨排放体现在我们的出口产品中，这是落在我们头上的两倍还多，但不管怎样，这是因为我们的因素而让其他国家产生的排放。这样看来，我们大约有 22% 的排放是因自己的需求而产生的，约有 78% 的排放是为别人的需求而产生的。

澳大利亚能将国内排放降到零，但仍会出口无数吨化石燃料，还是会对气候变化造成重大影响。一些玩世不恭的政治家争辩说，澳大利亚不必像其他国家一样去减排，因为这些排放不全是我们的，我们的出口产品实际上为了服务于其他国家的经济。这等于承认我们是武器贩子，出售的武

---

① 以菲尼亚斯·里奥·桑基（Phineas Rhiall Sankey）船长的名字命名。这位苏格兰船长发明了这种流程图以描述其蒸汽船的能源转化过程。

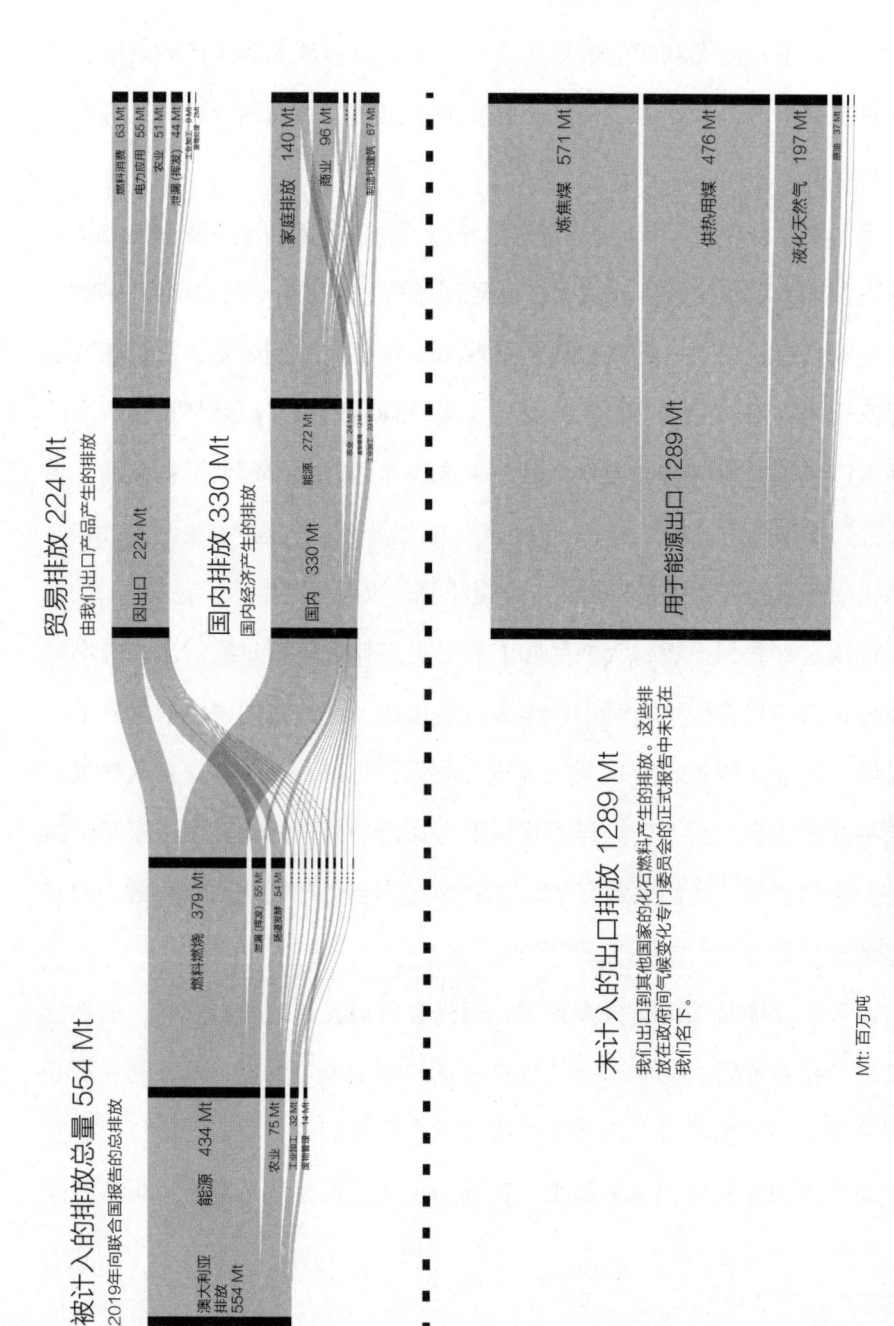

图 2.7 加上出口化石燃料在国外的排放后，澳大利亚产生的排放总量

Mt：百万吨

器（化石燃料）将用来危害我们的子孙后代。那么我们将失去一种出口驱动型经济所赋予的机会。在一个受制于气候变化的世界里，我们是少数几个拥有丰富可再生能源潜力的国家之一，而全世界都在急切盼望形成一个去碳化的供应链。在提供钢、铝、铜、其他金属以及农产品方面，澳大利亚能率先成为碳零排放的国家。

国内排放和国外排放

澳大利亚出口的煤炭占其总产量的 75% 以上，天然气约为 80%；农产品用于出口的占 70%，其中牛肉为 75%、羊肉为 73%，小麦为 73%。[5] 我们出口的铁矿石接近 9 亿吨，但在国内我们只生产 500 万吨的钢。我们开采了超过 1 亿吨铝矾土，但只将其中的一小部分用来冶炼，生产出 160 万吨铝。

我们已经接受了这种看法——出口对国家有益，但是哪个国家在受益呢？也许澳大利亚可以不对这些高载能出口行业的排放负责任，因为实际上超过 80% 的矿业生产是外国人拥有的。必和必拓（BHP）与力拓（Rio Tinto）是两个公认的澳大利亚公司，其实它们股份中有四分之三为外国人持有。就谁该为此局面负责的问题现在有许多争论，这些不同的看法是造成应对气候变化行动迟缓的主要原因。把责任推给澳大利亚或国外将决定谁赢谁输，这会让政治博弈变得异常复杂，这一点可在联合国应对气候变化缔约国大会一般性会议上看得很清楚，它让我们与诚实守信失之交臂。

把我们的排放和出口分开会让我们重新聚焦一个话题，而该话题通常因担心失去出口收益而陷入困境。我们可以思考能做些什么以便让国内经济实现去碳化，这是家庭和小企业都能感受到的一个政治议题，我将在第七章进行讨论。我们可以思考，一方面让那种出口型经济实现零排放，同时又能让出口业务继续繁荣下去。通过构建零排放的出口型经济，我们不仅可以为国家创造收入，还能让世界其他国家也实现零排放。关于出口和澳大利亚经济，我将带您回顾那些正在流行的议论，有关话题既轻率又带有文化偏见，我将在第八章进行论述。

第三章
能源

- 日常生活中的能源消耗是碳排放的主要来源,这些能源大都来自一种黑色的石头——煤炭。
- 用电动设备取代使用化石燃料的设备可以大幅降低碳排放水平,其中既包括发电厂等供给侧设备,也包括燃气热水器这类需求侧设备。

近来,由于对气候变化问题的关注,人们对能源问题的认识逐步提高。有关问题主要表现在二氧化碳、甲烷和氮氧化物等温室气体的排放:从世界范围来看,大约75%的排放来自能源,其中包括农业,占11%;土地利用和林业,占6%;工业加工,占6%;废弃物,占3%。其他排放都是在使用化石燃料服务于上述领域而间接造成的。终止化石能源在世界能源供应中的重要地位是实现净排放目标过程中我们能做的最有意义的事情。

20世纪以来,我们在开发化石燃料和基础设施方面卓有成效,以至于多数人根本没在意日常生活中的能源消耗量。2020年,我和妻子举家迁往伍伦贡(Wollongong),当我们通过一座铁路桥时,一列长达一英里(约合1.609千米)的运煤列车正好在桥下通过。她问我,"那是什么?"我想每个人都应该知道运煤列车是什么样子,这在现代生活中是一件稀松平常的事儿。我不得不遗憾地向她解释,我们用的电大多数来自煤炭。后来,有一次我妻子在住宅后面的小树林散步时发现地上有一堆黑色石头，这其实就是煤堆，但她却感到十分困惑。我只好提醒她，整个国家到处都有这东西，她在美国没见过这场面是因为自己没注意罢了。

澳大利亚只有 2500 多万人口，每年消耗掉大约 1.25 亿吨煤炭，也就是说人均每年 5 吨，或者说每天 14 千克，你在一生中消耗的东西都没这么多。排在第二位的是驾车时所消耗的汽油、柴油。给汽车加油时，我们通常都不太注意，实际上澳大利亚家庭平均每年消耗的这类液体燃料高达 2800 升左右，也就是说每人每年消耗 1000 升或每天消耗 2.7 升多一点。你不仅每天要喝 8 杯水，而且要消费大约 11 杯汽油，这是一个普通人的消费量。作为一种看不见的能源，我们在 2018 年人均消耗了约 1690 立方米也就是每天约 4.6 立方米的天然气。

一个普通的澳大利亚人，如果背上一个装满每天所需燃料的背包，其重量应该有 20 千克。每天我们烧掉的这 20 千克化石燃料会转化成 60 千克的二氧化碳。在今天这样的年代，隐藏尸体是件相当困难的事情，然而，我们每人每天却要隐藏相当于一具尸体重量的二氧化碳。令人惊奇的是，我们就这样自欺欺人地干了这么长的时间……而这种事情我们可以很容易地通过刷卡和自动转款就可以办到。

相对而言，澳大利亚在能源方面较好地保留了统计数据，其结构与美国能源信息管理局（EIA）的完全一致，这就是每年都会出版的《最新澳大利亚能源数据》（*Australian Energy Update*）。在图 3.1 中，我用桑基流程图对此做了概括。[6] 其中，供给侧（我们获得的能源）在左边，需求侧（我们消耗的能源）在右边。通过这种方式，这些投入澳大利亚经济活动中的能源被清楚地标识出来，从中可以看出煤炭和天然气所占的主导地位。很显然，为了满足运输需要我们严重依赖石油进口。在图中，进口和出口的能

第三章 能源

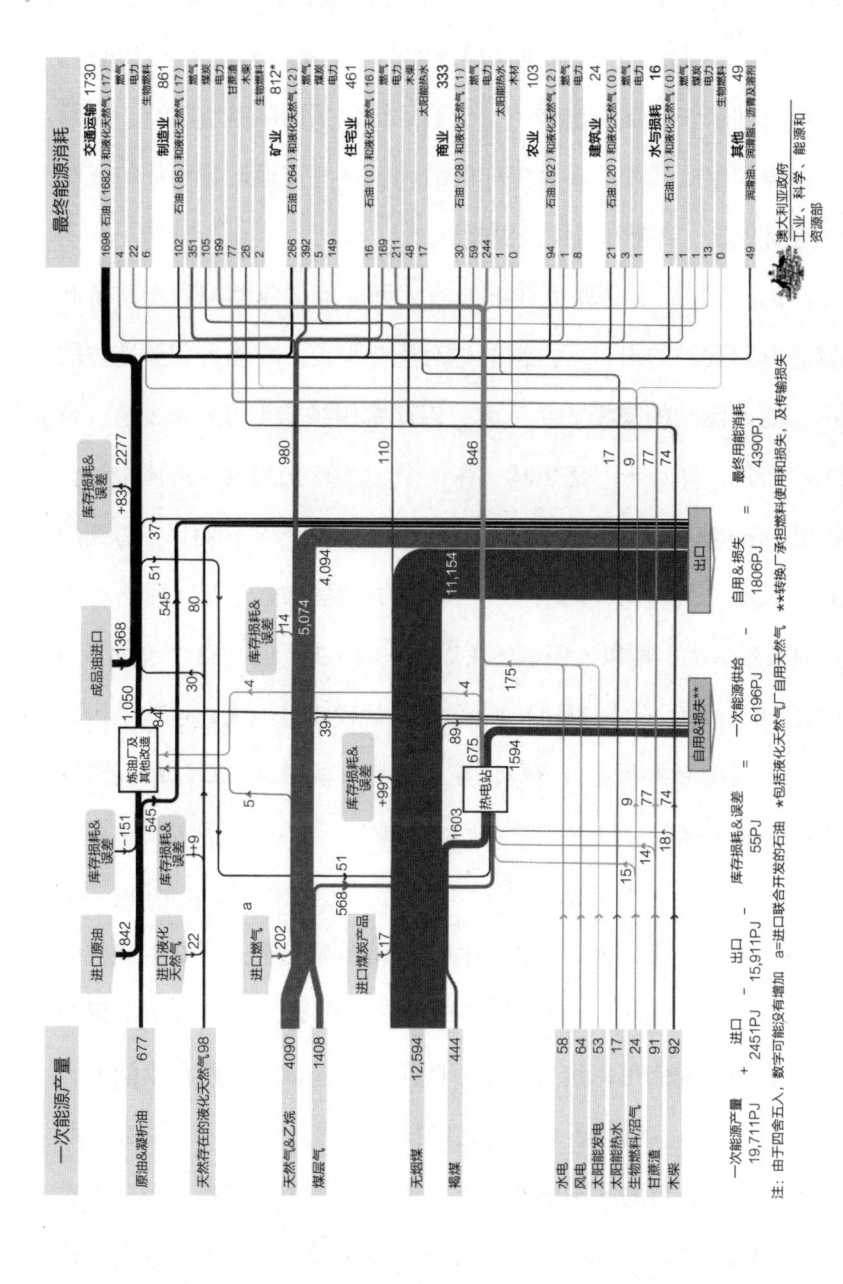

图 3.1 2018~2019 年澳大利亚能源流程图

资料来源：澳大利亚政府工业、科学、能源和资源部（Department of Industry, Science, Energy and Resources © Commonwealth of Australia，2021 年）。

源产品通过图的顶部和底部流入和流出。能源消耗被进一步分解成若干子项：交通运输业、制造业、采矿业、住宅、商业和服务业、农业、建筑业、"其他"（凡事总有"其他"——大量太难分类的事情被归入此类）和出口。这些分类的局限性很快就显现出来了。交通运输包括国际航空旅行、国际航运、货车运输和家庭驾驶等多种多样的活动。一些交通运输消耗的能源实际上就是为制造业、商业和居住提供能源。

在图 3.2 中，我建立了一张更详细的澳大利亚能源流动流程图，借此人们立刻就能看到我们的出口所占据的绝对优势地位。在澳大利亚这样的大经济体中，能源流动的规模非常巨大，因此常用拍焦（PJ）来表示。一个拍焦是 10^{15} 焦耳，即一千万亿焦耳。在一个 21,500 拍焦的经济体中，有 15,000 拍焦用于出口。多数人可能对这种能量单位不太习惯，而那些想到的人可能也仅习惯于千瓦·时（kW·h）。一个拍焦是 28 亿千瓦·时。用千瓦·时表示时数量太大，所以人们也使用太瓦·时（TW·h）这个单位。一个太瓦·时是 10 亿千瓦·时。我们的能源出口规模十分庞大，这就是为什么《气候分析》强调澳大利亚自身应该在《巴黎气候协议》默认的碳预算中占剩余排放量的 10%。[7]

要改变这种状况，一个方法是出口不同类型的能源，可以是电、氢、氨或尚未发明的其他什么东西。另外一种途径就是我们在第八章中谈到的方法，也就是用各种碾压矿石的形式出口能源。今天，我们每年出售数百万吨煤炭，未来，我们可以出售数百万吨金属制品以及用可再生能源开采、加工和运输的矿石。我们还会发现这些技术并不完全可行。在实现钢、铝、氨和其他高载能材料的零排放方面有一条颇为清晰的路径，但在 21 世纪 20 年代后期或 21 世纪 30 年代初期以前尚不能形成规模。所以，在支持科学家、工程师和企业家为明天的需要而开展创新的同时，让我们把精力

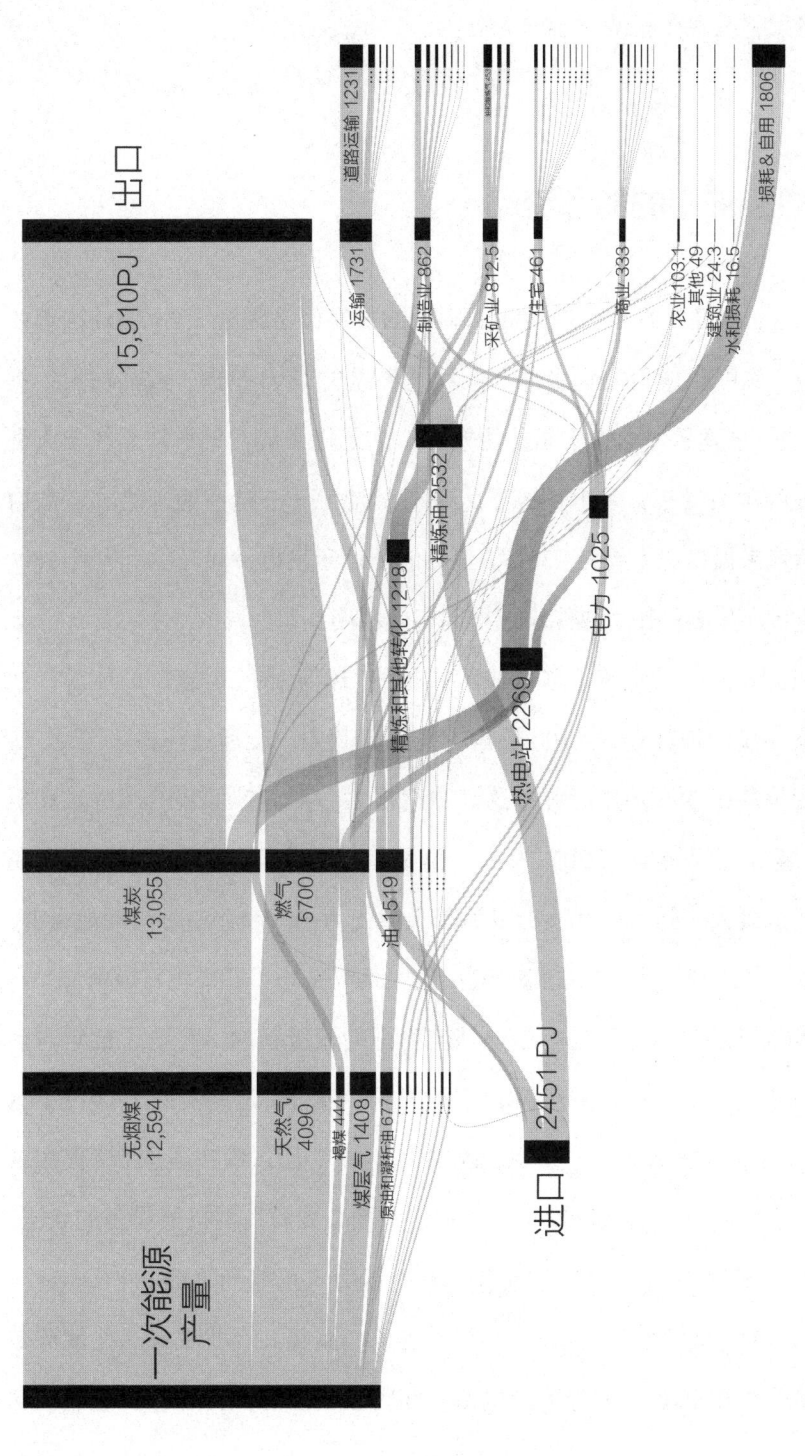

图 3.2　详细的澳大利亚能源流动流程图

资料来源：《2020 年澳大利亚能源统计》（*Australian Energy Statistics 2020*）和《澳大利亚电力改革》（*Rewiring Australia*）。

集中在澳大利亚现在能做的事情上吧。

国内经济中的能源流动

从图3.3中可以看到，现在我们国内的能源经济需要大约7000拍焦的能量供应。这个供应量分别由煤和天然气各提供1800拍焦，成品油大约提供2400拍焦来满足。电力不是能源资源，它是能源的一种形式。在澳大利亚经济的各项活动中，发电用掉了大部分的能源——这些能源绝大多数由煤和天然气来提供。大约有2300拍焦的能源用于发电，同时也有大约1800拍焦的能量在热电厂作为热能没能得到有效利用。

回到这张图的需求侧，这里显示的是我们消耗或"需求"的能源，在交通运输系统中消耗超过1700拍焦的能源，其中，交通运输占三分之二，空中旅行消耗了350拍焦能源。这其中有很大一部分被低效的汽车发动机浪费了，它们的效率仅有20%左右。民用和商用建筑物的采暖、热水、制冷和烹饪是最大的能源消耗项，以消费天然气为主。制造业是高耗能行业，同样，采矿业用掉了大量的能源，其中的大部分是为了开采化石燃料。

你大概可以看出，作为一名桑基流程图的超级粉丝，我花了数年时间专注于这些图，精心制作并理解其中的内涵。或许你有些犯难并略过了这些意大利面条一般的图示。所以，本着务实的精神，我在图3.3流程图的基础上画了一些卡通画，以表示隐藏在这些面条图背后的机器设备的状况。就像电影《黑客帝国》(The Matrix)中的基努·里维斯(Keanu Reeves)，通过凝视那些滚动的数字去观察其背后的事实真相。当我观察这些能源数据时，我会去想隐藏在其背后的机器，同时也在想着如何去改变它们。从

第三章 能源

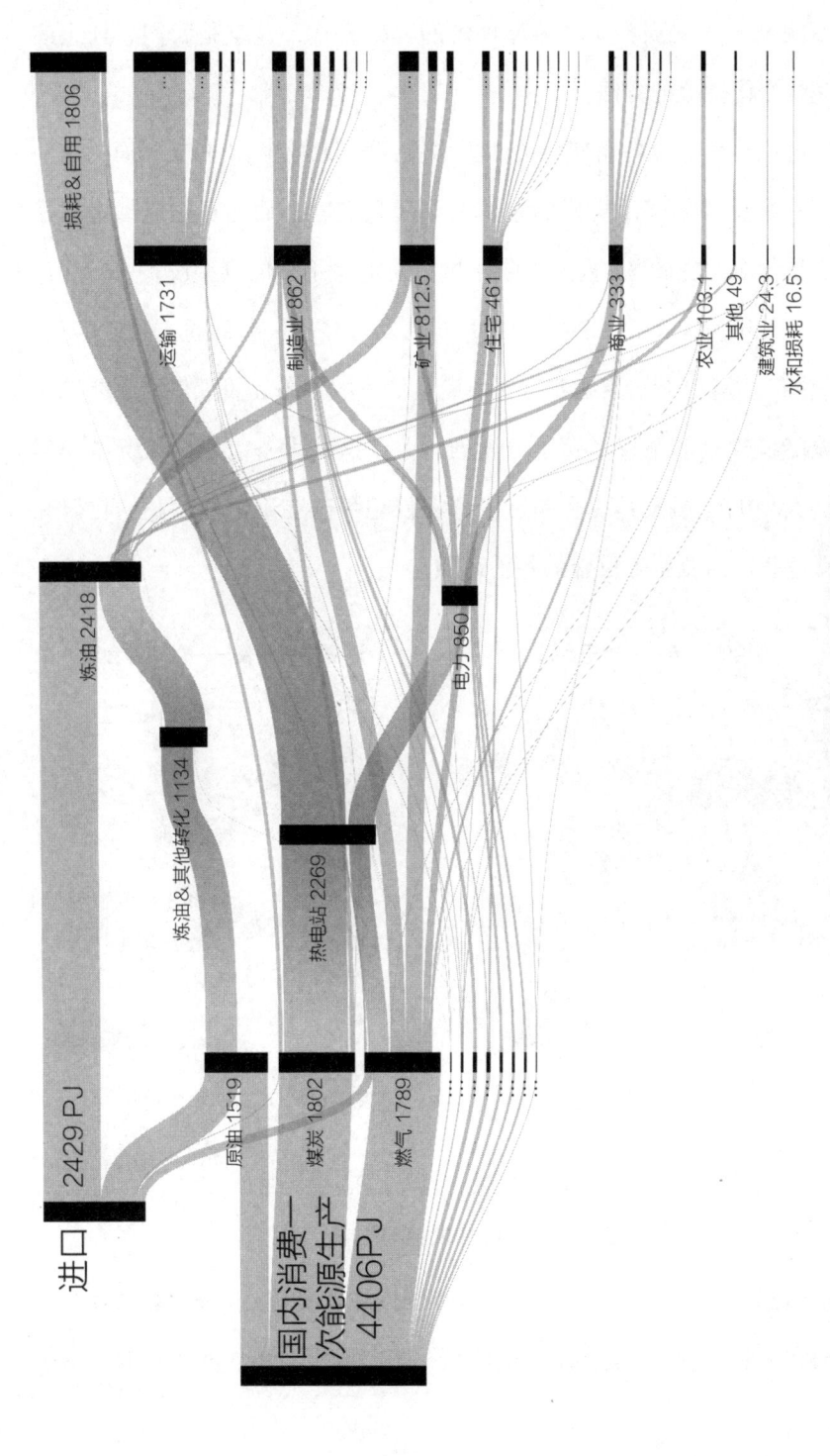

图 3.3 不包括出口的国内能源流动图

资料来源:《2020 年澳大利亚能源统计》和《澳大利亚电力改革》。

047

一项尚不明晰的实践到务实者才能理解的具体替代,这就是我们怎样去改变应对气候变化挑战的方法。

这一过程与机器设备密切相关。当你看到隐藏在图 3.4 能流下面的这些设备,并开始思考如何用更好的东西来取代它们时,你才真正深刻理解了能源经济是什么。在图 3.4 左边的供给侧,是数量不多的巨型设备——几百个发电厂、几千座矿山、一些大型的货运铁路设备、一些油轮,采矿卡车,1~2 个炼油厂。历史上,围绕着这些大型且昂贵的设备,关于供给侧能源转换和国家能源规划的争论一直十分激烈。关于这些设备以及过长资本周期等方面,大型的公司及其说客制造了许多议论声。在下一章,我们将研究替代所有这些供给侧基础设施的各种选项。

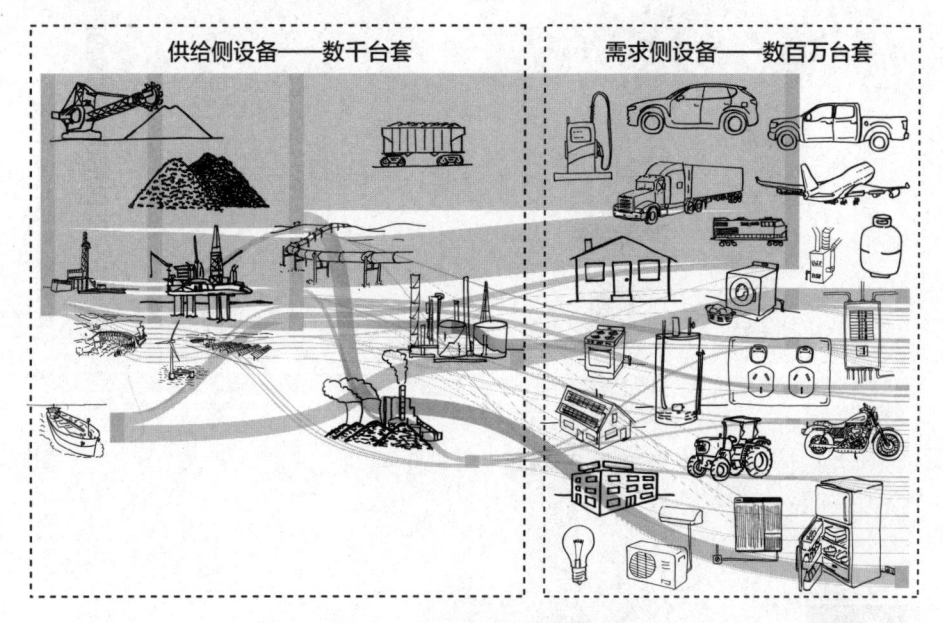

图 3.4 能源的供给与需求

在供给侧的中间部分是各种在全国范围内运输和输送这些能源的设施,比如石油和天然气管道、运煤铁路和列车、输 / 配电线路、液化石油气供应链、为汽车或卡车加油的油罐车和加油站等。维持这些供应链的运转要消耗大量能源，其中为保持化石燃料系统的运转就要消耗化石燃料产量的10%。

在图3.4右边的需求侧，是澳大利亚人每天耗费的能源。我们的生活与大量消耗掉的这些能源的小型设备密切相关，比如汽车、空调、烤面包机、炉灶、热水浴缸、泳池水泵、热水器、任天堂游戏机和笔记本电脑等。过去，这些设备实际上并不是气候变化激烈争论的对象，也许是因为它们太贴近现实生活了，所以在能源消耗和排放问题上我们都讳莫如深。

所有这些设备都将被取代。它们中的许多已经是电动的了（如笔记本电脑、电冰箱等），但关键是许多大件设备仍在消耗着化石燃料（如热水器、房屋采暖、灶台、汽车等）。需求侧设备电气化是下一个10年要应对的方面。

众所周知，能源领域的供给和需求要匹配。是的，我们需要用风力发电机置换燃气轮机，用太阳能发电厂置换燃煤电厂（供给侧），然而这些还远远不够，我们还要对需求侧的所有设备进行置换。在本书的余下部分，你将了解到，我们在这方面可以进行选择并立即采取行动，此外，相关技术也是现成的。我们会看到这种选择能让我们省钱、改善并提高生活环境质量的原因。但首先，为实现这一宏伟愿景，我们要在不产生排放的情况下获取这些能源，为此我们需要审视自己的各种选择。

第四章
澳大利亚能源现状与抉择

- 澳大利亚国土辽阔，人口稀少，拥有多种清洁能源，而且资源丰富，远超澳大利亚所需。
- 太阳能资源位居可再生能源的首位，其次是风能。
- 被人们大肆炒作的氢能也是一个方面，但作用并不太大。

不论每个人的观点如何，能源利用实际上是一个土地利用问题。开挖煤矿、开采天然气、采掘铀矿、安装大型风电机组或大型太阳能电池板阵列等都需要土地。地球的面积不会越变越大，大部分地区都有人居住，所以规划能源系统时要考虑土地利用问题。

澳大利亚土地利用现状

图4.1清晰地列出了澳大利亚广袤黑土地的分类利用情况。绝大多数土地都用于放牧牛或羊，这就是澳大利亚农业排放量居高不下的重要原因。从排放的角度看，全国有一半土地可能用于放牧反刍动物，这是最糟糕的土地使用情形。我也很喜欢吃散养牛肉，喜欢吃奶制品；同其他孩子一样，

大转折

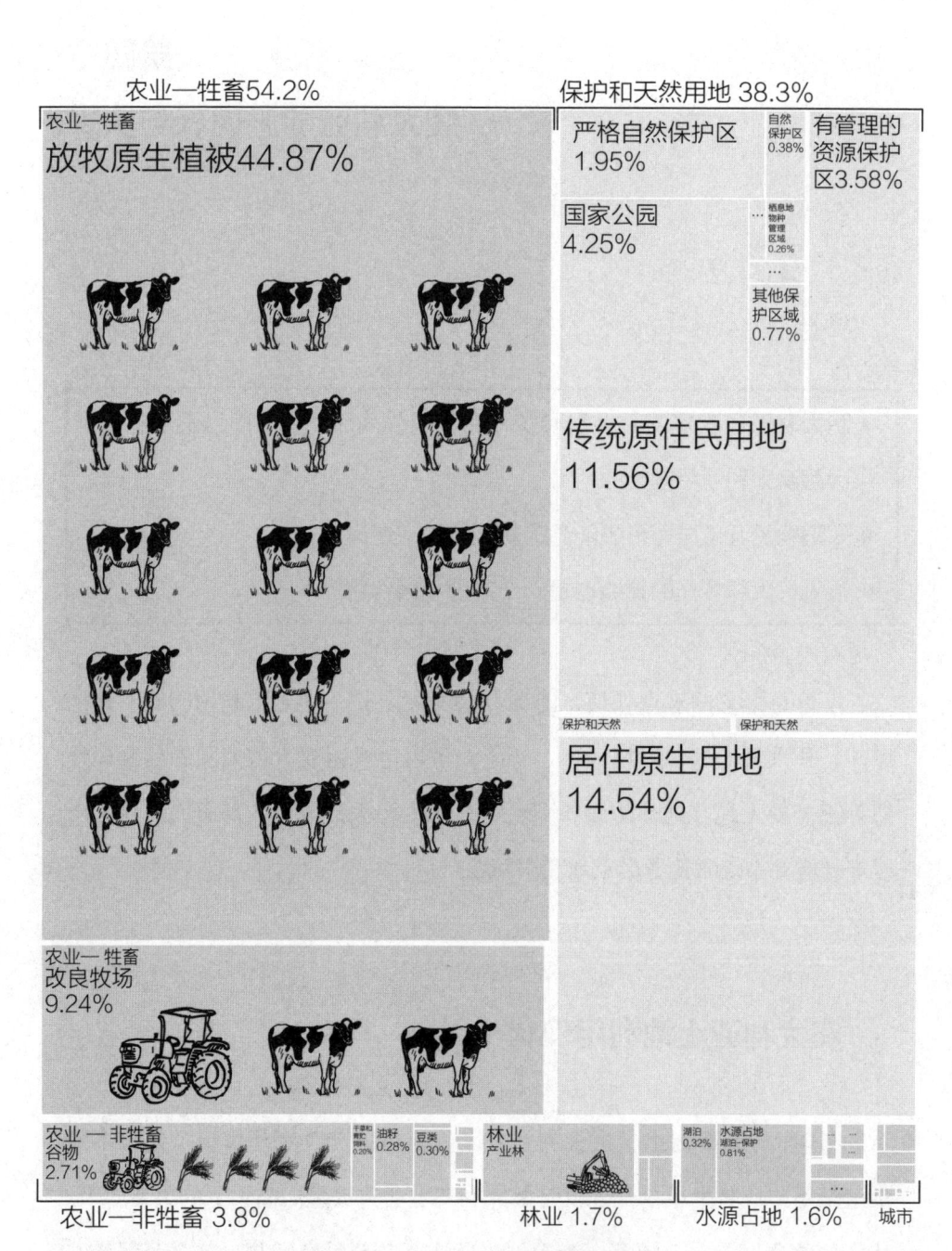

农业—牲畜54.2% | 保护和天然用地 38.3%

农业—牲畜
放牧原生植被44.87%

严格自然保护区 1.95%
自然保护区 0.38%
有管理的资源保护区 3.58%

国家公园 4.25%
栖息地物种管理区域 0.26%
其他保护区域 0.77%

传统原住民用地 11.56%

保护和天然 | 保护和天然
居住原生用地 14.54%

农业—牲畜
改良牧场 9.24%

农业—非牲畜
谷物 2.71%
干草和制草饲料 0.20%
油籽 0.28%
豆类 0.30%

林业
产业林

湖泊 0.32%
水源占地 湖泊-保护 0.81%

农业—非牲畜 3.8%　　林业 1.7%　　水源占地 1.6%　　城市

图 4.1　澳大利亚的土地利用情况

052

我也青睐烤牛肉或烤羊排。因此,我并不是在指责农牧民或肉食主义者,只是坦率地说,就我们所知,这种惊人的土地使用率极具破坏性。对澳大利亚来说这是一个进行改革的极好时机,澳大利亚联邦科学与工业研究组织(CSIRO)所做的工作正在取得良好的进展,其中包括在牛饲料中添加海藻以降低牛排放温室气体。[8]

道路占用土地是另一个有趣的案例。作为一个大国,我们中的许多人不一定有机会每天都能感受到祖国的辽阔,我曾有幸乘坐印第安太平洋铁路公司从悉尼开往珀斯的列车。只要驾车在澳大利亚两个大城市之间穿行过的人们都会体会到澳大利亚数量众多的公路系统——里程将近90万千米,若按车道算,则大约为180万"车道千米"。如果每条车道有3.5米宽,就意味着公路占地6300平方千米,约占国土面积的0.08%。[9]请记住这些,我们很快再回到这个话题。

全球化视角

作为一个潜在的可再生能源的超级大国,澳大利亚的一个先天优势是地广人稀。澳大利亚每平方千米人口很少,国土面积大,所以有条件生产更多能源,产量远超国内需求。

图4.2为我们展示了人口密度与国土面积的关系。左侧纵轴代表人口密度,横轴代表国土面积。就国土面积而言,俄罗斯、加拿大、中国、美国、巴西和澳大利亚是排名靠前的几个国家,而澳大利亚是其中人口密度最低的。印度虽是大国,但国土面积仅排名第七。相对于人口而言,我们拥有充足的土地,可用于生产可再生电力。澳大利亚和巴西气候温和,全年持

续光照时间较长,这一点与俄罗斯和加拿大相比优势十分明显,这两个国家的冬季寒冷,光照时间也较短。

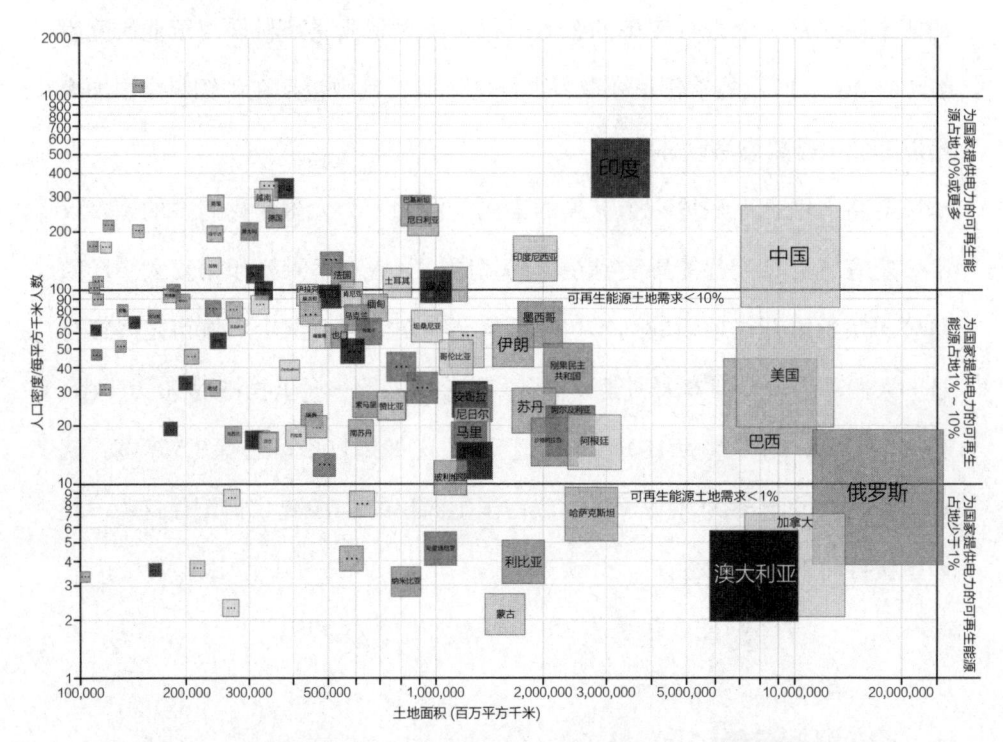

图 4.2 人口密度(每平方千米人口)与国土面积(百万平方千米)

注:右侧纵轴表示每个国家基于可再生能源供电需要占用土地的大致比例。

高收入国家(澳大利亚、美国、挪威)每年人均消耗化石燃料的数量约为 10 千瓦。我们很快就会发现,在相同生活方式下,如果利用可再生能源发电,我们只需要大约一半的能源,即每年人均 4 千瓦到 5 千瓦。这就是说,还是目前的生活水平,只不过实施了电气化而已。欧洲进行了"2 千瓦社会"的实验,结果表明,每人使用 2 千瓦能源便能轻松保持舒适的生活水平。这样一来,家庭热效率更高,公共交通应用更广泛,人们更多地使用单车或步行。

我们知道，一套不错的太阳能光伏电池组件平均每平方米可以产生40~50瓦电量。通过简单计算便可得知，每人只需相当于100平方米的太阳能光伏电池板，即边长为10米的一个正方形电池板。如果每平方千米的人口密度是10人，那么简单计算可知，这相当于我们国家1%的陆地面积被可再生能源装置覆盖即可。如果每平方千米人口密度为100人，那么需要10%的陆地面积。大部分国家的人口密度介于两者之间。澳大利亚很幸运，每平方千米只有3.35人，我们只需要约0.33%的陆地面积用于可再生能源发电。

你或许已猜到我要说什么了。澳大利亚幅员辽阔，人口稀少，地理位置优越，因靠近赤道可获得更多太阳能。基于此，我们可以初步得出结论，即每平方千米人口少于10人的国家有条件成为可再生能源的净出口国，尤其是那些气候温和的国家更是如此（而俄罗斯或加拿大出口这类能源就困难得多）。对于人口密度较高的国家，他们或许可以利用核能，同时也可以从低人口密度国家进口能源。如果存在像农业这样需要大规模利用土地的情况，高人口密度国家就不太可能将大量土地用于可再生能源。

简而言之，图4.2告诉我们，由于国土辽阔、光照充足、人口稀少，澳大利亚具备最便捷的途径成为世界上可再生能源超级大国。然而，我在这里要强调的是，那些人口密度高的国家有必要考虑利用核能的问题。

澳大利亚的能源

一个国家幅员辽阔同时资源又很丰富，这并不是一种巧合。资料显示，澳大利亚的各种能源极为丰富，其中包括化石燃料、核能和可再生能源等。

我们将进一步研究怎样利用可再生能源与核能，看看如何才能将排放降到零。关于澳大利亚完全使用可再生能源的情形，许多研究都得出了相同的结论：不仅可行，而且廉价、迅捷。[10] 现在来看看为澳大利亚提供电力方面我们都有哪些不同选项。

太阳能

太阳能发电最典型的方式是光伏电池（PV）组件，可以是太阳能电池板，也可以是被称作"太阳能"电厂的装置。地球绕太阳一周用时一年，在此期间，太阳辐射到地球外层大气的能量高达每平方米1386瓦。正午时分在地球垂直上方测量，每平方米只有1000瓦的能量可穿透大气层。考虑到阴天、大气甚至尘埃等因素造成的损失，以全年365天计算，每天平均到达地面的太阳辐射能量大约为每平方米300瓦。

一块标准、高质量的现代光伏电池组件吸收能量的效率只有20%多一点，也就是说它只能捕获五分之一的能量，即60瓦/平方米。

考虑到清洁和一些其他因素，组件之间要留出步行通道，因此我们假设铺设电池板的面积只能覆盖50%的区域。通常情况下，逆变器可将太阳能转换为240伏电力，其效率约为95%。这就意味着，太阳能电场占地中，每平方米可获得近30瓦的能量。按此数据粗略计算，我们每天每平方米可获得2.6兆焦（MJ）的能量（大约为1千瓦·时的三分之二，1千瓦·时相当于3.6兆焦）。如此，每年每平方米合计为约950兆焦能量，这些电能我们可以用于消费和娱乐。关于澳大利亚令人惊叹的太阳能资源，详见图4.3。

不妨先开个玩笑，设想一下，如果将澳大利亚所有放养牛羊的牧场用于太阳能发电。把数字后面的很多零累加后，可以计算出澳大利亚能产出近30亿拍焦的电量，这是国内需求量6500拍焦的450倍，是澳大利亚能

第四章　澳大利亚能源现状与抉择

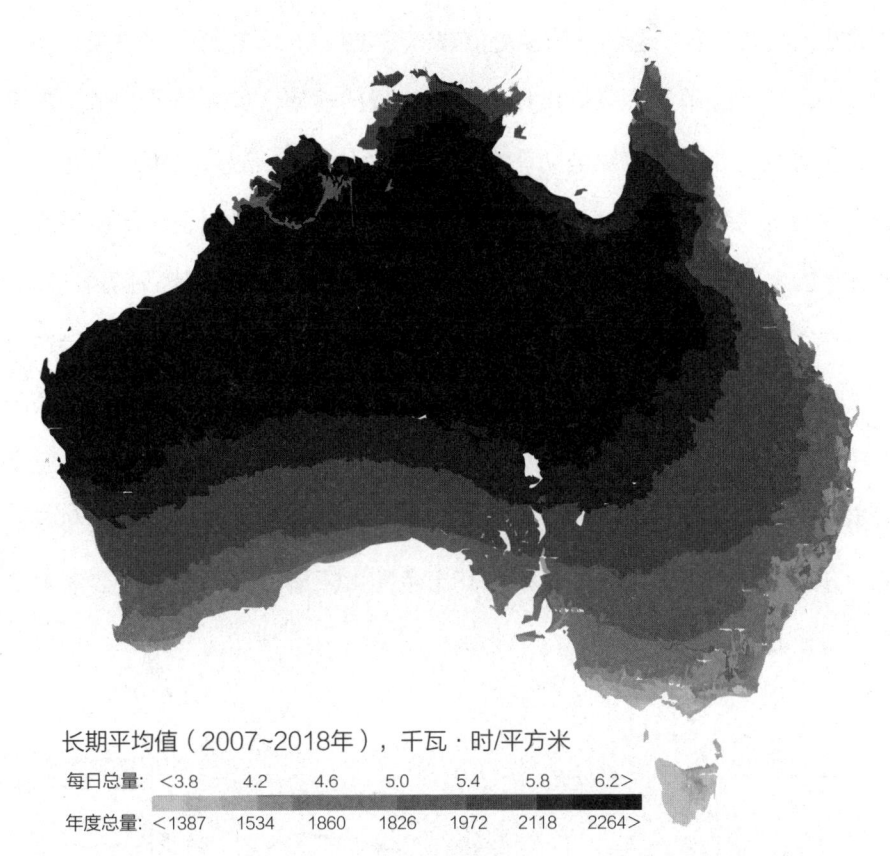

长期平均值（2007~2018年），千瓦·时/平方米

每日总量：<3.8　4.2　4.6　5.0　5.4　5.8　6.2>
年度总量：<1387　1534　1860　1826　1972　2118　2264>

图 4.3　澳大利亚的世界级太阳能资源（水平面太阳辐射）

源出口的 200 倍，全球一次能源需求量的 5 倍（在全球实现电气化情况下，则是 10 倍）。这就是说，我们的太阳能资源十分充足。如果将我们的肉类生产减少 20%，就可以利用腾出来的牧场为全世界供应能源。这个想法很可能让一些人暴跳如雷，但肯定能让已经上升的 4℃气温降回来。

我们可以换个角度看待这个问题。假设拿出相当于整个公路占地面积的土地用于太阳能发电，我们可以生产 4400 拍焦的电量，如果澳大利亚已经全部实现了电气化，这些电力就足够为国民经济服务了。

我们都知道，澳大利亚不同地区有不同的季节变化。墨尔本四季分明；其他地区基本只有夏和冬两个季节，位于西北海岸的达尔文市（Darwin）在夏天常则酷热难耐，遇到下雨会更闷热。图 4.4 列出了这些气候现象。在达尔文市，夏天的雨季会降低太阳能发电装置的功率，但在其他季节，由于处在相对较高纬度，其发电功率会超过其他大城市。达尔文市全年基本上稳定的发电功率为 6000 瓦／平方米的水平，按此计算，屋顶太阳能每天每平方米能生产 3 千瓦·时左右的电量。塔斯马尼亚岛的太阳辐射明显最弱，这与它邻近南极洲有关。在 12 月和 1 月，塔斯马尼亚岛的发电峰值会短暂超过达尔文市，在冬季电量的产出比夏季高峰时期减少 4 倍。不过，太阳能在塔斯马尼亚州仍具可行性，虽然其水电资源极为可观，为澳大利亚水电第一州，但电力的生产方式仍凸显了季节性蓄能的必要性。澳大利亚其他州介于这两个极端之间，夏季极其出色的太阳能资源到严冬时会降到夏季的二分之一至三分之二。

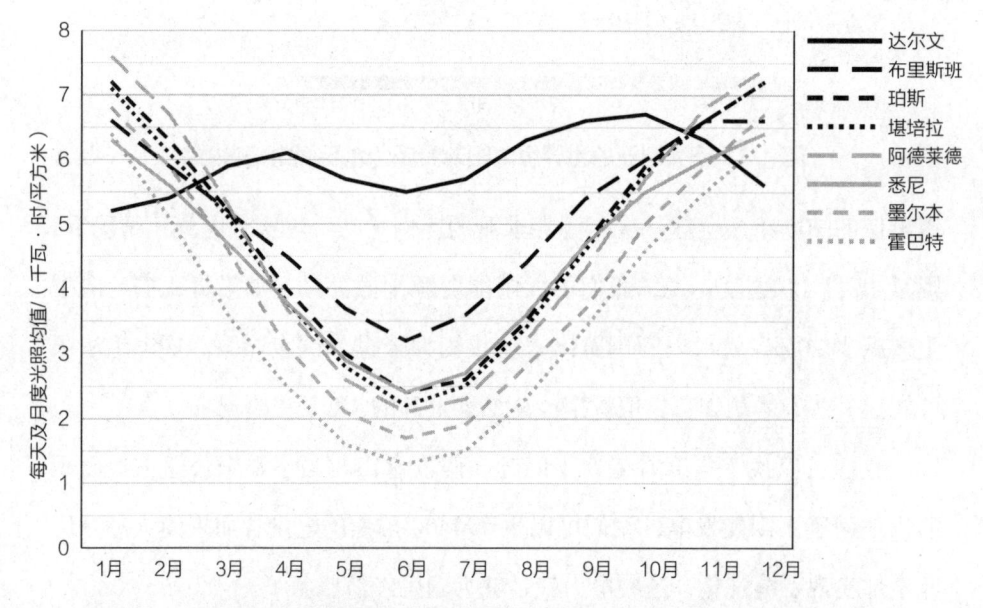

图 4.4　澳大利亚大城市每日太阳能情况，每平方米每天千瓦·时（kW·h）

资料来源：澳大利亚气象局。

太阳热能

有一部分人仍在热衷于有关太阳热能的两种技术，一种是传统的澳大利亚"阳光热能"（Solahart）家用太阳能热水器，这种热水器利用屋顶的金属阳光收集器将水加热。另外一种是工业化的太阳热能技术，它采用镜面将太阳光能集聚起来达到原来的1000倍左右，并将其聚焦到集热塔，或集热接收器中，在这里高温被用来加热融盐，进而推动汽轮发电机组发电。尽管人们对太阳热能技术很早就寄予厚望（21世纪早期我曾短暂介入过这个行业），但似乎已经安装的太阳能利用装置主要还是光伏电池（PV）。太阳热能对云层、大气尘埃等要求甚高，占地也更多，况且发电最后要用到热机，能量转换效率的损失在所难免。由于热能可以储存在盐中，理论上讲它能以"每周7天每天24小时"的方式全天候发电。但几十年过去了，这种发电方式仍然在经济上没有竞争力。即使是屋顶太阳能热水器也不及同等面积的光伏电池板更受欢迎。由光伏电池供电的热泵热水器也能达到相同甚至更高的功率，而且可使你的用能系统更加电气化，易于和其他用电设备一起尽早实现全天电力负荷的平衡。换言之，不能将某个区域的设施都装备成热水器，因为热水不能成为汽车的动力——但是如果将"电子"用于上述两个用途，并有几套蓄能电池组，我们会从屋顶的每一厘米获得更多。

屋顶太阳能

一项关于屋顶太阳能容量的研究表明：利用屋顶我们可以生产2450亿千瓦·时的电量，这个数字比澳大利亚电网平均每年提供的电量还多。[11]如果进一步改进光伏电池技术，屋顶发电量还会提高，之前的预计为900拍焦。

全世界都对澳大利亚的屋顶太阳能艳羡有加。南部沿海的一个倡导屋顶太阳能的项目小组早期曾开发出安装技术，后又将其推广为认证和培训程序，加速了低成本安装导轨的发展。

按照他们的安装技术，模板基础的费用为0.25分/瓦，总的安装费用大致为1澳元/瓦，这是一组带有魔力的数字，就是说每千瓦·时电量的成本为5~7分，这比常规电网的输变电费用还低。[12]对常规电网来说，如果算上输变电和售电成本，每千瓦·时的平均成本为12~13分，这还不包括发电的成本。这个结果意义重大，意味着屋顶太阳能发电将总是我们最优的选项，即使核裂变或其他技术发电是免费的！如果到2024年，蓄能电池能做到每一次存储循环的成本为10分/千瓦·时，在能容纳的情况下，尽可能多地在自家屋顶安装太阳能和蓄能电池组，这在经济上将是永远占优的。读者或许会问，为什么传统的能源供应商要延缓这一趋势？因为这将使原有利润丰厚的商业模式走向消亡！

然而，一些研究结果仍然低估了屋顶太阳能发电的潜能。下面给出三个理由以说明为什么屋顶太阳能比我们预期的结果更好：①在利用屋顶的同时，我们将开始利用面北的垂直墙面，其成本将非常低；②太阳能技术会持续提高效率——当下的效率为20%，而10年前的效率仅是14%左右，未来的最高点可能在30%左右，这意味着在宝贵的屋顶空间上，每平方米会产生更多的电量；③抗阴影的光伏电池正在研发，很快会进入市场，从而，树木和其他建筑物在白天的阴影所带来的能量损失就不值一提了。

风能

地面以上100米的可用风能资源为800亿千瓦，普通风机即可达到这个高度。[13]如果关注一下在1万米高空飞行时所处的平流层，风能的潜力可达 3800 亿千瓦。我曾在 2006 年初创了一家公司，名为马卡尼电力（Makani Power，后来被谷歌收购，直到 2019 年前谷歌将其作为 Google X 项目运营），旨在低价利用所有的风能。我之所以创立这家公司，部分原因是希望利用高海拔的风能。简而言之，风能是一种丰富的全球性资源，可以安全地为全部使用可再生能源的世界提供一半的能源。澳大利亚有得天独厚的风能资源优势，尤其是在西部和南部海岸。我们还给这些资源起了几个名字，如"弗里曼特尔博士"和"轰鸣的 40 度"，这是我们对沿东经 40 度吹来强风的称呼，这种风会时刻对悉尼到霍巴特的快艇比赛造成严重破坏。

表 4.1 列出了一项研究所预测的 2050 年澳大利亚能源构成的可行方案。[14] 其主要成果是，专家们都认为未来用电负荷的最大部分可由风能和太阳能来满足。自 20 世纪 80 年代以来，风能技术逐渐成熟，风电是目前世界上许多地区公认的最低价电力，比煤或天然气发电还要便宜。风机越造

表 4.1 2050 年澳大利亚各种能源资源模型测算占比

能源构成	占总量百分比 / %
陆地风	20.07
海风	16.73
波浪	5.79
地热	0.28
水力发电	3.13
潮汐	0.10
家庭光伏电池	13.73
商用及政府光伏电池	11.17
电力公司光伏电池	18.11
太阳能集中发电（CSP）	10.88

数据来源：杰克布森（Jacobson）等，2017 年 9 月《焦耳 1∶1》(*Joule* 1∶1)。

越大，现在有一种风机的直径大得令人吃惊，达到80~150米，发电容量达3~5兆瓦。多数行业观察家预计这类风机的发电出力会增至8~15兆瓦之多。全世界的研发团队正在集中精力研究建立"浮动式"风能发电平台，该平台可以锚定在水下50米或更深处的海床上。在海上安装风机不会受土地利用方面的制约。

2006年，当我初创马卡尼电力公司时，全球风力发电的成本每千瓦·时超过20分。在向投资者作推介时，通过模型计算，我们确信能够在10年内将该项技术的成本降到3~4分/千瓦·时。到2018年，在挪威海上的示范项目中，马卡尼公司仍在为这一目标而不懈地努力，但全球风力发电产业的成本降速非常快，我们自愧不如。现在风力发电的成本仅为每千瓦·时4分左右。这其中有很多教训，其中一个就是，现阶段很难对抗现行能源产业，另外一个是，通过实现规模化生产可以极大降低成本。风能的"学习曲线比率"，即风能产业规模每一次翻番成本降低的比率，大致为12%。从世界范围看，风力发电装机容量翻番将来至少还会发生3~4次，所以我们可以期待将来风电的成本会进一步大幅下降——或许会降低一半。

水电

从全球来看，在可再生能源的供给中，水电占比最高，2020年的数据为4.3万亿千瓦·时或15,500拍焦。[15]澳大利亚虽然是地球上最干燥的大陆，但每年仍有600亿千瓦·时或216拍焦的水电资源潜力。澳大利亚现有108个水电厂，装机容量约为800万千瓦。2018年，澳大利亚水力发电量约为58拍焦，或者说是我们水电可开发资源量的四分之一。水力发电会对当地造成一些破坏，因为建水电站需要修建水库，但从其他方面看，这种发电方式非常可靠，对环境也十分友好。我们高度评价的雪山二号项目

（Snowy2.0 project）将扩建 200 万千瓦的装机容量并将形成 3.5 亿千瓦·时的调蓄能力。这听起来好像能力非常大，但如果澳大利亚全部 2000 万辆机动车都装上 50 千瓦·时蓄能电池，累加起来的话会达到 20 亿千瓦·时，几乎是这个项目调蓄能力的 100 倍，所以车辆电气化和车辆接入电网的技术具有非常重要的意义。

海浪与潮汐能

总体上讲，海浪和潮汐都属于海洋能的范畴，此外海洋能也包括含盐量梯度（盐度梯度）和海洋热梯度等。这些技术还没有规模化应用，所以其经济性也未被验证。澳大利亚北部的潮汐资源非常丰富，西部、南部沿海，尤其是塔斯马尼亚岛四周拥有不可思议的波浪能资源。凡是经历过南方巨大浪涌或 12 英尺（1 英尺合 0.3048 米）高海浪的人无不惊骇大海的狂暴。除这些因素外，海洋环境也极具腐蚀性。开发这种能源极具挑战性，但我认为这种能源在澳大利亚和全球能源系统中微不足道，不值得投入大量成本。

潮汐发电设备分为两大类：①与风机相似的水下水轮机，安装在潮汐海域的海床上；②在海水入口处建设与大坝相似的设施，每天海水注入和排出两次。波浪发电则多种多样：积水摇摆式、曲柄转动式和以空气或水的进出驱动水轮机等方式。如果你喜欢开发更好的"波浪发电机"，这个领域机会多多，可以大显身手。

最后我想说的是，波浪和潮汐能的能量没有人们想象得那么大。如果我们能全部捕获海洋中的潮汐能（即有效地阻止潮汐的起伏），也只能满足世界能源需求的五分之一，但会引来灾难性的报复。同样，如果全部捕获地球上撞击海岸的波浪能（海浪对地球的冲刷作用会变小甚至完全消失），也只能提供全球电力需求的五分之一。退一步说，大洋深处的涌浪蕴含的能量更大，但获取这些能量并无损地送回陆地则是一项难以逾越的挑战。

核能

当前，核能发电约占全世界发电量的 10%。美国大约有 100 座反应堆，其发电量占国内发电总量的 20%，法国为 70%，瑞典接近 40%。所有这些核电站都在 20 世纪 60~70 年代开发的传统设计上运行。这些核电站基本上是以铀为燃料的轻水反应堆。其原理是：使铀达到链式反应的临界状态，其裂变释放大量热量可以产生蒸汽，蒸汽推动汽轮机旋转，汽轮机再带动发动机发电。就铀而言，澳大利亚拥有世界上最大的"相当有保证的可采储量"——相当于全世界已探明有限资源的三分之一。澳大利亚可能还有更多的铀矿未被探明。按照现在核能利用的速度测算，世界上已探明的铀储量还能支撑 50 年，如果我们利用更多核能，这个时间会显著缩短。

据悉，澳大利亚还拥有全世界钍资源的 10%~25%，钍是另一种核裂变材料。采用钍裂变循环有不少好处，世界上钍的储量要大于铀，而且它仅有较弱的放射性。目前中国正在运行一个实验性钍基反应堆[16]（即钍基熔盐堆）。

核裂变，即原子（核）的分裂反应，或许能够在短期内提供给我们一种应对气候变化的方式，但它不能为今后 1000 年的发展提供动力。鉴于此，我们需要核聚变，即原子（核）的聚合反应，这项研究最近有所进展，但仍不能实际应用，而它预计在 21 世纪成为一项切实可行的技术。多家公司预测，未来十年内将建成使用这种技术的示范电厂。

从技术上说，澳大利亚可以在很长一段时间内利用核能实现电力自给自足，但公众从未想过承担核能已知的风险。以每单位能量死亡率来衡量，即便将福岛和切尔诺贝利核电站等严重核事故考虑进去，核能一直保持着非常好的安全记录。与每年因化石燃料造成的空气污染而造成1000万人死亡相比，核能似乎是一种完美的方法。[17] 但我认为澳大利亚不太可能发展核能，原因在于民众的观点。我们最近向美国订购核潜艇一事显然为核能发展增添了些许机会。但现代分布式太阳能（屋顶太阳能）的现实是，即使核电能够以零成本发出，但由于输变电成本的因素，其成本仍高于屋顶太阳能。

作为一名工程师，我愿意看到澳大利亚能够发展本国核能发电。即使这种稳定且可预期的能源只能为我们提供所需电力的10%，也将使调节电力季节性峰值和基本电力负荷变得更加简单。100%采用核能发电或许不可行，因为这需要大量冷却水——就是说，我们是否要使用珍贵的淡水资源。在美国，所有淡水的41%用于冷却核电站、天然气电站和燃煤电站，最终，是冷却水的获取难度限制了利用现有技术建造核电站的数量。现在虽然有不少研发（核电的）"干冷"技术的项目，但都未取得能够规模化商业应用的成果。另外一种方式是用海水对反应堆进行冷却，但这样会使成本有所增加，并造成部分公众恐慌，尤其是在福岛核电站事故之后。

对澳大利亚的好消息是，它不需要核能来满足国内电力需求，依靠风电和太阳能发电可以轻松做到这一点。人口密度大的国家很难仅依靠可再生能源实现电力供应自给自足，这就是我们能够寄希望于一些东南亚和太平洋邻国投资核电的原因所在。澳大利亚在铀矿开采方面长期盈利、独领风骚，可以帮助其他国家实现零排放。

生物燃料

在生物燃料方面，澳大利亚能够大有作为。由于有甘蔗，我们已经做到了。[18] 在美国，能源效率和可再生能源办公室（Office of Energy Efficiency and Renewable Energy）发布了十分著名的《10亿吨报告》（*Billion-Ton Report*）。该报告建议，美国可利用农业废料、食品废弃物、人类排泄物和森林废物生产其国内全部能源的10%~20%。[19] 从全球来看，生物燃料或者说生物质能，非常重要，在全球能源供应量中的占比高达10%。令人痛心的是，大部分生物燃料在发展中国家被当作燃料用于取暖和做饭，这既不是利用这种珍贵资源的最佳方式，也会对人的呼吸系统造成十分不利的影响。今天，生物燃料约占全世界运输用燃料的2%，约占发电燃料的1.5%。生物能源的主要来源是浓缩农业副产品。澳大利亚生物能源的最主要来源是蔗糖工业的甘蔗渣；美国则是"黑液"，它是木材、造纸和纸浆等行业加工过程中的一种副产品。

生物燃料会与粮食生产争抢土地。获得高额补贴的美国玉米乙醇产业显然不是一种生产生物燃料的高明方法。在澳大利亚，木材、甘蔗渣和沼气（源自污水和垃圾填埋）已经提供了200多拍焦的能量。通过综合收集项目，澳大利亚可以轻而易举地使这个数字翻上几倍，而且国内生物废料能够提供未来超过10%的能源供应。像生物柴油、航空燃油以及其他类似的燃料一样，生物燃料能够轻松满足航空业、长途卡车、矿山车辆和其他长途运输的需求。作为冬季燃料，木柴仍然相当经济实惠，可以在一年中最冷的日子里提供足够热量，但众所周知，在家中燃烧木柴会对人的呼吸系统产生不利影响，并且在高密度居民区大量使用木柴取暖还会导致室外空气质量变差。

生物燃料面临的挑战是低能量密度——每千克固态质量产生10~18兆焦的能量，约为煤炭的一半，石油的四分之一。生物燃料的低能量密度和广泛分布意味着高昂的获取成本，因为要运输更大的量、更远的距离才能得到与其他燃料相同的能量。一个深思熟虑的想法是，建造一些小型生物燃料精炼设施，使用这些资源小规模生产微缩生物燃料或类似燃料。

以废弃物为基底的生物燃料，无论来自食物、森林、农业还是人类，都能够对所谓"难以去碳"的领域产生十分深远的影响。目前，这些领域投资不足，生物燃料很有可能在很多方面比氢能更有前途。

地热能

地热能非常易于理解。在地球形成时热能被封存在了地心之中，它们源于微量放射性衰变——无论相信与否——和"固体潮"，或是沿轨道上运行的月球的引力对地球的挤压——所有这些在地下产生能够被开发的热能。其方式是在地表钻许多深孔，然后将水加压注入，水受热变为蒸汽，能够转动汽轮机。很遗憾，世界上的地热能不足以满足日益增长的全球能源需求——它相当于约 200 亿千瓦的能量，与当前全世界的能源消耗量不相上下。这就是说，在地质条件适合的地方，地热能可以提供稳定、可靠和廉价的电力。冰岛从地热中获得巨大好处，地热提供了该国 65% 的一次能源（还有 20% 来自水力发电，使得冰岛几乎全部能源都是可再生能源）。

澳大利亚无法利用地热为自己提供全部能源，但可以接近这个目标。虽然地热发电成本可能不比风能或太阳能低，但它有自己的优点：每天、每个时段都触手可及。这意味着它与核电一样，能够提供基荷电力。部分利用地热的系统需要大量水，因为并非所有的水都能被循环使用。在澳大利亚，我们需要倡导水的循环利用，引进能够回收全部或大部分水的闭环循环系统。

地热发电面临的另一个重大挑战是将电力从电厂输送到需要它的地方的成本。大部分优质地热资源都位于十分偏远的地区，需要新建专用输电线路。500 千米长的输电线路会增加 1~2 分 / 千瓦·时的电费。[20]

储能与需求响应

  风并非一直吹，阳光也并不总是灿烂，冬日夏季，永续交替。在一个充满可再生能源的世界上，人类需要的是能量储存。能量储存面临于"秒、日、周、季"等不同时间段上的挑战。"秒"挑战的特点：供应即发电，必须时刻满足电力需求即电力负荷。每分每秒都必须如此。如果负荷开始增加，超过了供应，电网电压便会降低；如果负荷降低且太阳刚好升起，电网电压将迅速蹿升，会导致部分停电和全网停电。"日"挑战涉及将白天太阳能所发电量与其他时间段的电量相匹配。再来看看"周"挑战：由于一些反季节气候系统，一周阴雨天气导致太阳能发电量减少，而一周无风会导致风机停摆。最后还有"季"挑战，如冬季人们需要采暖，但此时太阳能的供电量却是最低的，而夏季人们要开空调降温，这些都是客观现实。

  为应对这些挑战，我们需要储能或需求响应。储能装置由储能电池组等机器或设备构成，可以将能量储存起来以后使用。需求响应不是将能量存起来，而是调节负荷——当每天阳光灿烂时提前烧水，关上冰箱门后可以断开压缩机一段时间，让它利用惯性维持几个小时，不必进一步制冷。

  可能的情形是，澳大利亚的能源将有一半来自太阳能，另一半的大部分来自风能，因此我们需要大量储能设施。好在澳大利亚的汽车和家庭住宅（包括其中的电器和加热系统）为众多储能设施提供了许多机会。

蓄能电池组

蓄能电池组是储能领域的全新热点事物，它们不再是我们儿时所用的由锌、锰、钾、石墨、镍、铜、铅和各种酸制成的 5 号干电池。现在，电池主要由锂制成。在元素周期表上，锂元素位列第三，排在氢和氦元素之后，是最轻的金属元素。锂储量丰富，相对于其携带的能量来说重量较轻，是制造电池的理想原料。锂电池最早应用在计算机、移动电话和玩具上，但在过去十年，电动汽车成为其最大应用市场，因此锂电池的应用方向现已确定。锂电池的价格已大幅下降，从 2010 年的每千瓦·时 1000 多澳元，降到了 2020 年的每千瓦·时不到 150 澳元。彭博新能源财经（Bloomberg New Energy Finance）等机构预计，2025 年锂电池的价格将降至每千瓦·时约 75 澳元。[21] 一整套蓄能电池组包括电池、电池管理系统（BMS）、逆变器、安全部件和外壳。人们普遍认为，其出厂价很快就会降至每千瓦·时 100 澳元，嵌入最终产品中可能为每千瓦·时 150~200 澳元。然而 2021 年的实际情况并非如此：为住宅安装一套蓄能电池组，每千瓦·时差不多要花费 1000~1500 澳元。

为什么成本如此关键？我们并不像关心蓄能电池组每千瓦·时储能循环成本那样关心每千瓦·时的购买成本。前者是蓄能电池组每循环储能一次的成本。2021 年推出的一款特斯拉电力墙（Tesla Powerwall）附带为期 10 年、约 3700 次循环存储的质量保证。为达到如此长的使用期限，也许仅有 80% 的电池容量得到了利用。这算起来很简单——用蓄能电池的成本除以其可利用容量，然后再除以其使用期限内循环次数，就可得出每千瓦·时电力的存储成本：1000 澳元 / 千瓦·时 ÷ 0.8 ÷ 3700 ≈ 34 分 / 千瓦·时。

这就是我们处于一场革命过渡期的原因，但距革命成功还很遥远。每千瓦·时 34 分钱的存储成本会使电力非常昂贵。如果将特斯拉电力墙与发电成本为每千瓦·时 6 分钱的太阳能发电装置匹配在一起，在需要储存所发电量一半的情况下，提供每周 7 天、一天 24 小时电力的全部成本平均为每千瓦·时 23 分钱。这在多数地区与电网电力几乎相差无几，但仍不具强有力的竞争力。而在偏远地区，这一数字可能还算经济。

福特公司将于 2022 年推出 F150 皮卡——有史以来世界上生产最多的 F150"闪电"——的电动版，售价大约 4 万美元，包括一套容量 100 千瓦·时左右的蓄能电池组。若转换成澳元并凑成整数的话，蓄能电池组的成本大约为每千瓦·时 500 澳元，这相当于买电池白送一辆皮卡！问题是：一旦我们将电池成本降至每千瓦·时 500 澳元以下——最后应该降到每千瓦·时 200 澳元——凭借每周 7 天、一天 24 小时每千瓦·时 10~15 分的电价以及每千瓦·时低于 10 分、甚至有可能低于 5 分的储存成本，太阳能与电池组合将对现有电力系统"暴扣"得分。

目前，还有许多其他类型的电化学电池正在研发中，包括完全由腐蚀铁粉制造的流电池（flow batteries）和栅极电池（grid batteries），各种新型锂化学电池也纷纷问世，这种电池使用更少量的钴和其他昂贵稀有的添加物。很快我们会看到"固态"电池的出现，这种电池比现有的锂电池更为强劲、能源密度更高。

电池的能量至关重要，因为它决定了电池的重量和电动汽车的行驶里程。蓄能电池的能量密度目前大约处于 250 千瓦·时 / 千克（即 1 兆焦 / 千克）的水平，而柴油为 45 兆焦耳 / 千克。一些乐观人士认为，蓄能电池的能量密度将达到 10 兆焦 / 千克，加上电力传动系统的发电机较轻以及高达 90% 的电能转换效率，将远超过任何一款装备有引擎和油箱的汽车，汽车的能量转换效率在 20% 左右。

供热系统

热水和家庭采暖系统都可以当作低成本储能装置来使用，第二天的淋浴用水可以由当天的阳光高效加热。对液体循环加热（即水为热量的载体）系统而言，能够为以后使用储存热水的加热储水器也可以当作非常划算的储能装置。

密封良好的住宅本身就是某种形式的蓄能装置。如果将住宅加热至舒适的22℃，再将温度降至20℃以下需要好几个小时，那时你或许想将房间温度再稍微调高一点。这种现象被称为热惯性，许多建筑规范，包括被动式节能屋（Passivhaus）标准，都使用这项技术建造温馨舒适的住宅。实际上，我们可以提前为房子加热和制冷，利用热惯性作为储能手段或需求响应。在应对"每秒、每时、每日"的电力波动上，热惯性是一种被严重低估的资产，它将在平衡未来电网方面大有可为。

抽水蓄能

一种十分便宜和高效的蓄能装置是将水抽到山顶，再像传统水电那样放水发电。这就要求有"上水库"（head），即一座比另一座高的水库。澳大利亚是一个古老的大陆，山的数量屈指可数，但这种传统的蓄能方式仍能够在不少沿海地区为一周内的电力供需进行调峰。将塔斯马尼亚州丰富的水电资源与澳洲大陆的电网相连网是一个绝妙的主意。我住在伍伦贡市的大悬崖下面。这个悬崖高出海平面800米，这样的地点为建设抽水蓄能电站提供了完美的条件。距离悉尼很近或许是伍伦贡的天然优势，因为它能为大悉尼地区和新南威尔士州提供稳定的电力和电网服务。

氢能

氢能本应该算作一种蓄能方式，说到底它是一种其他方式所发电量的蓄能介质，但鉴于澳大利亚对氢能过热的宣传，我有必要在这里多说些细节。

如果未经深思熟虑（这段时间似乎有这种趋势），氢能看起来是一条解决能源问题的完美途径。氢是银河系中储量最多的元素，地球上也很充裕。纯氢的能源密度非常高，为120兆焦/千克左右，是汽油46兆焦/千克的2倍多。然而，地球上以某种形式可用作能源的氢并不多。纯氢极其活跃，所以地球上大部分氢以化合物形式存在，要么是与氧结合（如水），要么与碳结合（如碳氢化合物），要么同时与碳和氧结合在一起（如石油中的成分）。为了在能源体系中有用武之地，氢要先被分离成气体状态。在环境气压下，气体状态下的纯氢的能量密度并不太高，大约为0.09千克/立方米，即每立方米11兆焦。作为比较，汽油的能量密度为每立方米36,800兆焦。因此，需要对氢气进行压缩，但压缩过程需要能量。假如给自行车胎打过气后摸一摸打气筒，你会发现它变热了，这是对气体进行压缩无法避免的能量损失。由于压缩氢气需要存储在高压容器中，而能够在超高压力下安全容纳高易燃气体的容器成本很高。氢能够运输，但挑战多多。氢气燃烧可产生热量，或用在燃料电池中发电，但就后者而言，现在可能还没有足够多的廉价催化剂。总而言之，氢能不是一种能量储存和释放的高效方式，我随后会加以阐释。

蓝氢、绿氢或灰氢？什么意思？

围绕氢能，澳大利亚一直在大张旗鼓地进行宣传推广。它被推销给了我们的氢产业劳动大军，说他们需要与现有天然气产业同样的技能。但请相信我——研究过氢安全的一员——这是一个完全不同的领域。天然气工业有支持氢能发展的动力，包括所认为的相关工艺流程（压缩、管道输送、燃烧）的相似性——但氢与天然气并非那样相似。

用作能源的氢通常分为"灰""蓝"或"绿"三种。当前所生产的氢的大部分是"灰氢"，由天然气工业产生，是精炼天然气的副产品。"蓝氢"是在蒸汽甲烷转化过程中，从天然气中获得的。从理论上讲，这一过程所产生的排放可以通过碳捕捉和碳封存加以降低，但要付出一定的成本。我在本章稍后部分会解释，大规模碳捕捉是行不通的，而"蓝氢"则应该看作天然气"洗绿"，这正是其本来面目。"绿氢"是基于这样的想法：利用可再生能源或核能将氢（H）从水（H_2O）中分离出来。这是诸多利用氢能想法中最好的一个，但在成本和循环效率方面仍存在不少挑战。

无论我们讨论上述哪种类型，将氢用作能源都需要做下列事项：

1. 从水中或其他分子中分离氢；

2. 将氢进行压缩或低温冷却，便于运输；

3. 使用安全的压力容器储存氢；

4. 将氢运送至所需之处；

5. 为氢降压以便使用；

6. 可与氧混合燃烧，如传统的引擎（或许推动发电机发电），或……；

7. 把氢放入"燃料电池"，将其直接换成电力。

所有这些事项都需要能源来实现。同时既需要设备，也需要资金。各位知道我喜欢使用桑基流程图说明问题，现在我就用它来解释氢的缺陷。图4.5分析了氢作为储备能源的蓄能电池的情形。从电子进入到电子流出——即能源专家所说的"循环效率"——各种电池的效率已接近90%。在燃料电池中使用时，氢的最佳循环效率仅为41%，而燃烧时则为35%。为弥补这种浪费，必须在氢能与太阳能或风能的组合中成倍增加太阳能或风能的发电能力。

所有用于存储的电量转换

100% 起始电力	传输 (~5% 损失) →	电源存储 (~5% 损失) →	逆变器损失 (~3% 损失) →	88% 实际可用
				12%损失

用于存储的绿氢-燃烧-能量转换

100% 起始电力	电解 (~17% 损失) →	压缩 (~15% 损失) →	传输 (~3% 损失) →	燃烧 (~50% 损失) →	35% 实际可用
					65%损失

用于存储的绿氢-燃料电池-能量转换

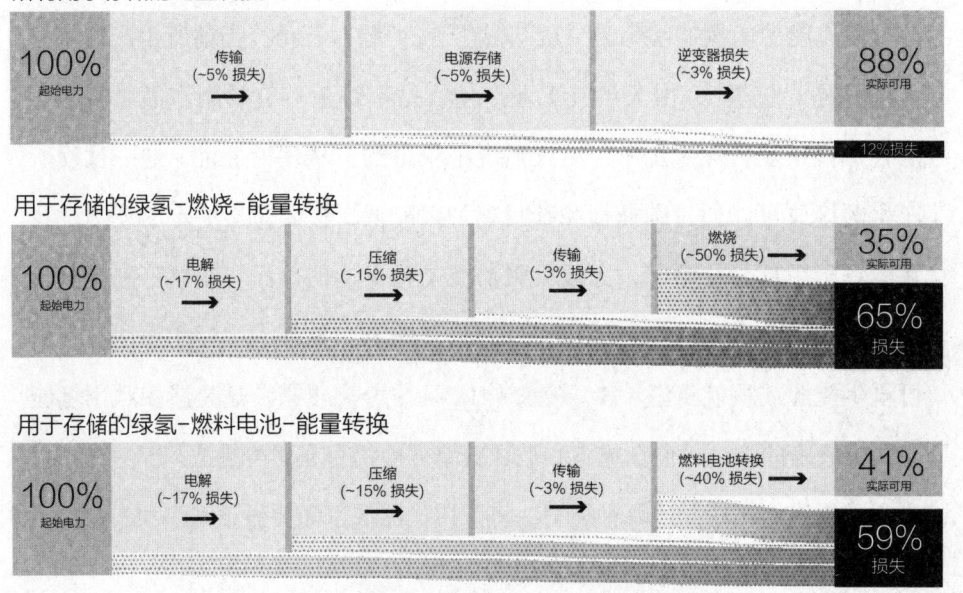

100% 起始电力	电解 (~17% 损失) →	压缩 (~15% 损失) →	传输 (~3% 损失) →	燃料电池转换 (~40% 损失) →	41% 实际可用
					59%损失

图4.5 氢作为电池使用时的效率及能量损失

用氢为卡车、轿车、矿山车辆、飞机、火车或公共汽车提供动力将是怎样一种情形？对这方面情况我确实略知一二。我曾与美国能源部合作开发过储氢容器，这项技术后来卖给了一个包括丰田、奥迪、克莱斯勒、保时捷、麦克拉伦和其他公司的企业联合体。我并不认为氢能在未来没有发展空间，只是认为会比人们想象的要小，而且更加昂贵。图4.6研究的是氢能在运输领域的应用情况，也拿蓄能电池作比较。在将扭矩分配给车轮时，电池可能达到83%的效率。如果使用氢能，无论是在发动机中燃烧还是在燃料电池中使用，氢能汽车的效率不及电动汽车的一半，为34%~37%。当然，有些边远地区会有氢能利用的个案，在那些地方氢能将会起到重要作用。请记住，电池会越来越便宜，而且还会越来越好，人们的目标也在不断发生变化。

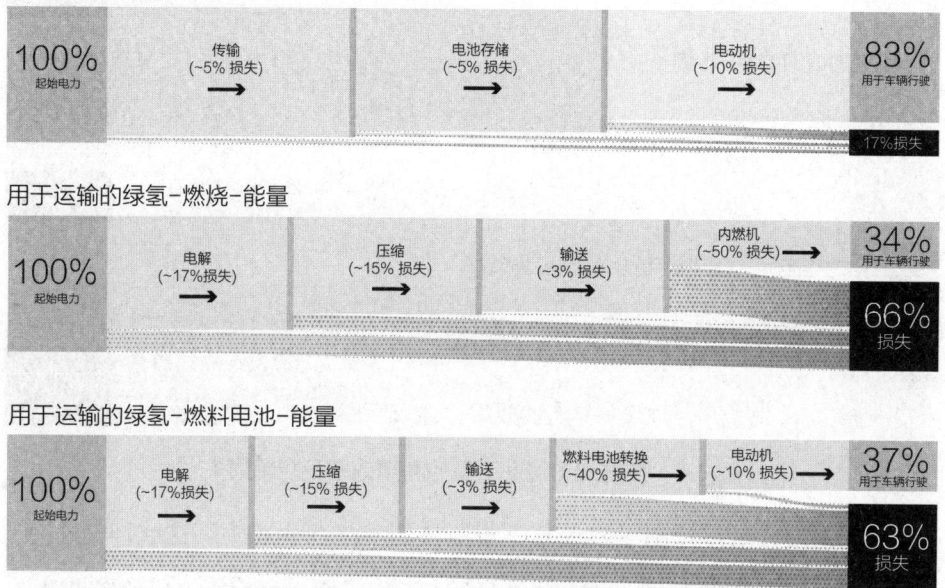

所有用于运输的电能转换

| 100% 起始电力 | 传输 (~5% 损失) | 电池存储 (~5% 损失) | 电动机 (~10% 损失) | 83% 用于车辆行驶 |

17% 损失

用于运输的绿氢-燃烧-能量

| 100% 起始电力 | 电解 (~17% 损失) | 压缩 (~15% 损失) | 输送 (~3% 损失) | 内燃机 (~50% 损失) | 34% 用于车辆行驶 |

66% 损失

用于运输的绿氢-燃料电池-能量

| 100% 起始电力 | 电解 (~17% 损失) | 压缩 (~15% 损失) | 输送 (~3% 损失) | 燃料电池转换 (~40% 损失) | 电动机 (~10% 损失) | 37% 用于车辆行驶 |

63% 损失

图 4.6 氢用于运输行业时的效率问题及能量损失

此外，还有一些氢能倡导者发表言论，声称我们需要在高温加热行业中加大氢能的利用力度——这些行业目前使用天然气作为燃料。对这种情形不利的因素通过图 4.7 可以看得很清楚。再重复一遍，如果我们考虑以可再生电力（甚至核电）为起点开启一条零排放路径——鉴于当前的紧迫性，这的确是我们能够拥有的唯一选择。无论是电阻式电加热还是电磁感应式电加热，两者都能满足绝大部分工业加工工艺的需要，效率可达到 86%，大大优于用于燃烧的氢，或比采用电制氢——氢制成燃料电池——燃料电池发电——最后再反过来利用电阻式加热器加热的整个过程好上两倍。人们很快就会明白，所有能量转换都有能效损失，这是与物理学基本定律的抗争，人类毫无胜算。

所有用于电阻式加热的电-能量转换

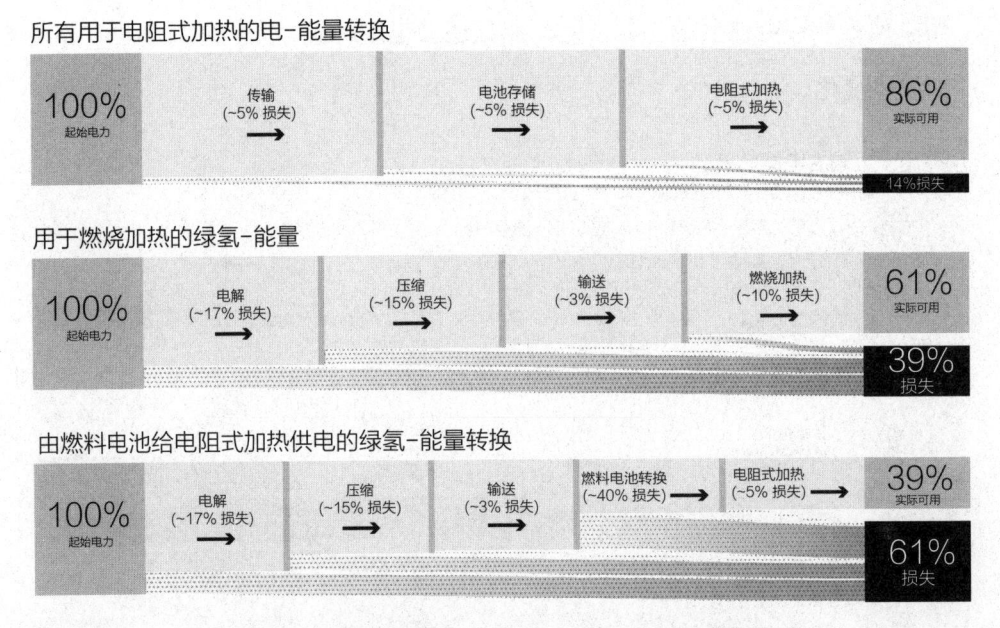

| 100% 起始电力 | 传输 (~5% 损失) → | 电池存储 (~5% 损失) → | 电阻式加热 (~5% 损失) → | 86% 实际可用 |

14% 损失

用于燃烧加热的绿氢-能量

| 100% 起始电力 | 电解 (~17% 损失) → | 压缩 (~15% 损失) → | 输送 (~3% 损失) → | 燃烧加热 (~10% 损失) → | 61% 实际可用 |

39% 损失

由燃料电池给电阻式加热供电的绿氢-能量转换

| 100% 起始电力 | 电解 (~17% 损失) → | 压缩 (~15% 损失) → | 输送 (~3% 损失) → | 燃料电池转换 (~40% 损失) → | 电阻式加热 (~5% 损失) → | 39% 实际可用 |

61% 损失

图 4.7　高温加热情况下氢的利用效率及能量损失

　　氢能鼓吹者终于抓了根稻草争辩应该用氢来产生热力。这或许是所有方法中最糟糕的一个，应该让真相大白于天下。这个想法要表达的意思是，我们可以把氢输入天然气管道之中，用泵加压将其输送到千家万户，人们像使用天然气一样使用氢气。那好，在更换输气管网之前仅能把混合气体中 20% 的氢输送到管道中，因为现有管道的金属无法输送氢气。因此这样做的代价太高。图 4.8 再次表明，全部电气化在效率上至少会提高一倍。

　　您或许认为我千方百计地在贬低氢能，的确如此。世界上的资金并非无穷无尽，投资氢能与投资电气化相比并非明智之举。当然，将来氢还是会有些用途，例如不再使用天然气生产氨和其他种类的化肥，这是一个值得投入的氢能项目。在某些特定地区氢能或许有重要意义：例如西澳大利亚州十分偏僻，可以成为氢的主要生产基地，是世界上少数几个或多或少能让氢起点作用的地区之一。但我们最好不要让它使我们偏离电气化这个

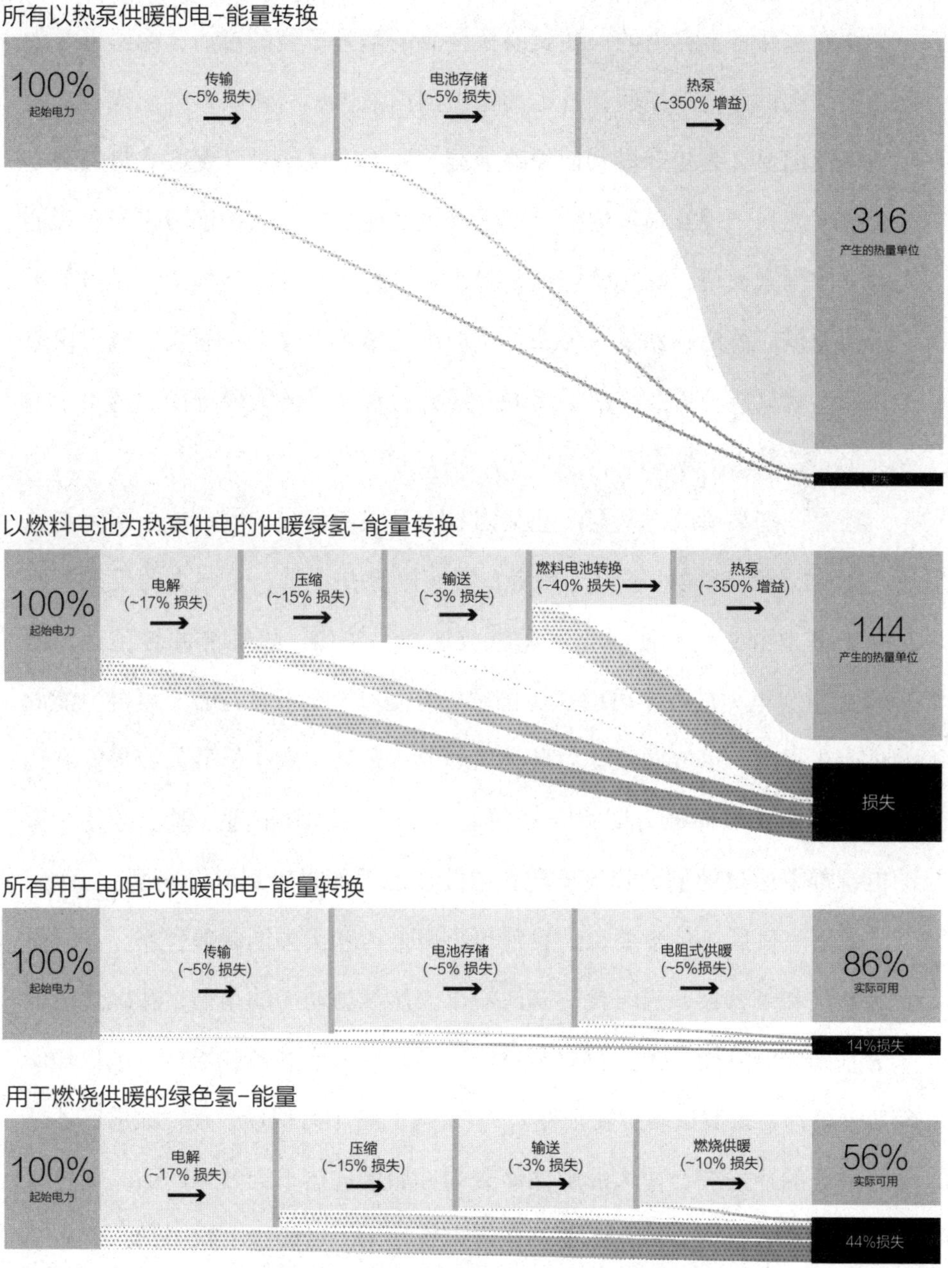

所有以热泵供暖的电-能量转换

| 100% 起始电力 | 传输 (~5% 损失) → | 电池存储 (~5% 损失) → | 热泵 (~350% 增益) → | 316 产生的热量单位 |

以燃料电池为热泵供电的供暖绿氢-能量转换

| 100% 起始电力 | 电解 (~17% 损失) → | 压缩 (~15% 损失) → | 输送 (~3% 损失) → | 燃料电池转换 (~40% 损失) → | 热泵 (~350% 增益) → | 144 产生的热量单位 / 损失 |

所有用于电阻式供暖的电-能量转换

| 100% 起始电力 | 传输 (~5% 损失) → | 电池存储 (~5% 损失) → | 电阻式供暖 (~5% 损失) → | 86% 实际可用 / 14%损失 |

用于燃烧供暖的绿色氢-能量

| 100% 起始电力 | 电解 (~17% 损失) → | 压缩 (~15% 损失) → | 输送 (~3% 损失) → | 燃烧供暖 (~10% 损失) → | 56% 实际可用 / 44%损失 |

图 4.8　低温加热情况下氢的利用效率及能量损失

最佳、效率最高的去碳方式。

我们包括日本在内的一些贸易伙伴真的陷入了氢的童话，德国也是如此。第二次世界大战期间，日本和德国国内液体燃料奇缺，柴油或石油短缺迫使他们要么为掠夺燃料而侵略他国，要么尝试通过气化方式将煤转变为高密度燃料。现实逼迫他们走上了开发氢能之路。对担忧国家安全和能源独立的国家来说，利用氢能似乎是个非常好的思路：从理论上说，如果一个能源供应商给你断供，另一个供应商能够填补空缺；而如果电力供应被切断，就只能干着急，束手无策。因此，对氢能的大肆宣传大都出于国家安全和能源独立的考虑。

还有一些某些既得利益产业集团卷入了关于氢能的舆论战。国际能源署（IEA）就是氢能的坚定支持者，它实际上并不是一个独立的组织，而是一个基本上由化石能源生产国组成的贸易集团。国际能源署预计，到2050年世界电力的一半可由氢能提供。真是可笑至极！这需要可再生能源的供应量提高一倍或两倍，而且利用的成本极高、效率极低。如果要看化石燃料工业是如何极力期望未来的能源结构与以前相同，即全世界所有的能源都要通过他们的管道输送，国际能源署的报告倒值得一读。

我还有最后一件事要说。我曾与丰田公司和美国能源部合作，共同研发天然气和氢容器，当时我们有两辆以天然气为动力的车辆，并以这两辆车为基础研制氢能汽车。我们亲身经历了研究氢能的各种场景，包括让储氢容器爆炸，以测试其"安全性"。有关氢的若干可怕场景是：如果容器爆炸，爆炸的冲击波会使人的肺功能衰竭；如果这还不会致死的话，这种看不见的气体将会使人窒息；要是奇迹再次发生，又躲过了这一劫，氢还会燃起无形大火，把人烤焦。令我非常诧异的是，极力推广氢能的人居然不将这些严重后果一五一十向人们讲清楚，原因何在？

碳捕捉和碳封存

毋庸置疑，有人会挺身而出，发问到："对现有化石燃料进行碳捕捉和碳封存是否可行？"我或许可以回答这个不相干的问题。捕集二氧化碳完全有把握，对其封存也可实现。但作为一个严肃的解决方案，反对的声音很大。由于全球在减排的问题上拖延已久，当下对"负排放"——碳捕捉和碳封存（CCS）——寄予厚望。事已至此，我们现在只好筹划利用生物碳泵（具备 CCS 的生物能，简称 BECCS）对碳进行大规模捕捉。

当我们燃烧碳氢燃料时，每个碳原子与两个氧原子发生氧化反应，燃料从固态或液态变为气态，在此过程中，体积会增大 5000 倍。即便能把气体压缩成液体（这需要大量能量），碳最后的体积仍然是原来以化石燃料形式在地下存储的 3 倍。这意味着为了捕捉和封存碳，我们需要占用巨大的地下储存空间，其体积远大于其最初在开采地的体积。

政府间气候变化专门委员会（IPCC）在其最新一期报告中概述了碳捕捉和碳封存的最佳方案。该报告推测，每年需要填埋 100 亿吨的二氧化碳，这与当前全部化石燃料工业从地下开采的几十亿吨的原料相当。该报告设想将出现一个规模与整个化石燃料工业相当的行业，以运输、处理和填埋二氧化碳为主，该行业会于 2050 年之前悄然形成。

碳捕捉和碳封存成本极高。全世界反对纳税的理论家们，包括澳大利亚那些拥护"技术，而非纳税"理念的人士，将使用税收收入为碳捕捉和碳封存买单不太可能。然而在几乎各种能源利用方式上，电气化是最便宜的途径，而且会越来越便宜。有鉴于此，进行大规模的 CCS 的财政动力——尤其是到 21 世纪中叶，大部分事物已经电气化——何在？

对化石燃料实施 CCS，除了大把花钱什么也得不到，这种情况极不可能发生。化石燃料工业试图拓展它的利益关联性只不过是想入非非。我们应当保持高度的警觉，并要求政府增加参与此类劳而无功之事的透明度。

不止100%

澳大利亚具备建设超出自身电力需求的发电能力的潜力。自二十世纪七八十年代的效率运动以来，可再生能源和倡导可持续发展的理念应运而生。当时人们憧憬的只是电力需求100%由可再生能源提供，更何况120%、200%或700%了。[22] 更重要的是，现在风力、太阳能（每千瓦·时3分或4分，并且还在下降）以及屋顶太阳能电池板的发电成本（每千瓦·时6分或7分）如此之低，仅仅按照100%的方式发展可再生能源就不再是成本最低的选项了。例如，如果按照冬季最低发电出力而不是按照夏季高峰设计的太阳能发电设施，我们需要再多安装50%到100%的发电设施。但由于这样做将会降低对季节性，甚至每天、每周的储能需求，因此很可能会降低整体的发电成本。

我曾经为美国做过一项研究，内容体现在我的专著《电气化》一书之中。我在书中指出，按照大约125%的装机容量建设风能和太阳能发电装置，能够完全排除对季节性储能的需求。这样的话，可以利用夏季25%的过剩发电能力和季节性非常廉价的电力生产电解燃料、氢，或者大量生产高载能工业产品。

这种发电容量适度过剩的观念仍然会使绿色阵营的人们坐立不安，因为它与历史上宣传的适度短缺观念截然不同。毫无疑问，通过设定更高的目标——125%、150%甚至700%，会使实现100%新能源的目标并超越这一目标变得更加容易。

效率

本书旨在大力推进电气化，因此我并不过多论述传统的能源效率问题。自20世纪70年代以来，效率问题一直是能源对话的主题。对许多人来说，能源效率就是一个略微效率高一点的天然气采暖炉，或是一辆效率略有提高的汽车。不过，我们需要的是达到零排放，即使这些供暖器具和汽车变得非常"高效"，但我们不可能通过"效率"这条道路实现零排放目标。实现零排放需要改革，电气化就是实现这个目标的道路。一辆电动汽车如果利用风能或太阳能充电，只需消耗汽油车所耗能量的三分之一。这是实现零排放巨大的效率提升。热泵通过搬运或泵送能量，"创造"的热量是其所消耗电能的3~4倍，是效率可达300%~400%的高效供热设备。相比之下，燃气供热装置的效率为80%~90%，壁炉的效率仅为50%~60%。这就证明想提高效率，电气化是不二之选。

这同样解释了澳大利亚住宅的效率问题。澳洲住宅的密闭性和保暖性可以说是世界上最糟糕的。密闭性差是指门和窗框间的那些洞和缝，它使冷空气或热空气得以进入房间，需要更多的能量通过供热和制冷来补偿。我们大部分房间的墙壁和屋顶阁楼很少或基本没有保温材料，而且大都不装双层玻璃。所有这些简单的建筑技术会使电气化和去碳更容易、更廉价。一般来讲，我们在建新房或翻建旧房时，可以十分经济地对房屋加装保暖材料并堵塞住房的缝隙。我们应当推动采用更加完善的建筑规范和标准，使其不但能应用在建新房上，还可促进建筑物的翻新。

远距离输电

现实情况是：南澳大利亚州刮风的时节，在昆士兰州却没有风。维多利亚州和新南威尔士州处于晚间电力负荷高峰时，恰巧与西澳大利亚州的风电和太阳能发电出力高峰相吻合。塔斯马尼亚岛的水力发电和风力发电可以帮助其他州实施电网调峰。没有任何一台风机会永远不停地转动，但分布在不同地理区域的许多风机将会在大多数（如果不是全部的话）时间发电。像澳大利亚这样辽阔的大陆，东西海岸存在3小时时差，这意味着东部正午的太阳能电力能够帮助西部清晨的电网负荷高峰，西部午后的阳光又可以帮助东部当天晚些时候的电力负荷。要实现这些，我们需要实现电力的远距离输送。

远距离输电听上去很贵，但实际上很便宜，特别是它还具备稳定性和可靠性。听起来贵是因为输送100万千瓦电力的输电线路，每千米的造价一般为100万澳元。但输电线路的寿命很长，会超过25年。只需做一个简单的算术就能发现：按照这个建设投资数字，一条500千米的输电线路增加的输电成本会小于2分。[23] 这只是发电成本的很小一部分。这个问题目前在全球正在广泛研究之中。当前没有将西澳大利亚电网接入其他地区电网的计划。但是，假如澳大利亚需要发出3倍于当下或更多的电力，并将它们输送出去，从而成为世界上可再生能源的超级大国，我认为电网互联必将实现。

氨、电解燃料、压缩空气及其他选项

还有一些选项会为澳大利亚向清洁能源的过渡做出有益的贡献。如氨和其他"电解燃料",相对于氢能,这些燃料的优缺点兼具,但到目前为止没有一种具备普通老式柴油所拥有的优点。压缩空气经常被认为是一种能源存储机械装置,理论上很简单,就是在电量富余时用它压缩空气,释放压力时压缩空气推动涡轮机旋转。压缩空气的问题是能量损失高达 50%。若作为储能设备的话,其效率不高。

至此,我已经很好地勾勒了所有能源转型的大致轮廓,尽量做到通俗易懂。市场将会选择折中的解决方案,从这个角度看,我在此未曾提及的某些事物也不大可能会改变现有的游戏规则或总体框架。硬件技术从理论到初次应用一般需要 10~20 年时间。如果这个理论现在还没有出局或正在受到掣肘,那就大有可能成为推动零排放进程的主角。

第五章
万物电气化

- 在与气候变化斗争的过程中，家用器具和车辆的电气化是我们的秘密武器。
- 热力学告诉我们，只要保证所有设备电气化，那么消耗不到如今一半的能量就能使国家保持正常运转。

如果你只想读本书的一章，那本章就是我建议你要读的。未来是一个"电气世界"，学术界正在逐渐趋向于形成这个结论。就本质而言，从物理学中热力学角度看，它是一个好的理念。[24]澳大利亚需要一清二楚地听到这样的信息，以免被那些错误的解决方案所提出的设想误导，并延误我们的行动。与能源相关的排放要求我们做出庄重的承诺，将电气化作为国家战略，而且现在就要开始行动。

热力学与高中物理

你可能记得高中物理老师喋喋不休地讲解某些"物理学定律"。这些定律中最著名的是"热力学定律"。有3个值得记住的重要定律。

1. 你不能创造能量，能量是守恒的（其意是没有"自由能"）。

2. 在绝对零度时才没有能量的损失（能量类型之间不能高效转换）。

3. 不能达到绝对零度（甚至接近也是不可能的）。

当然，这是热力学定律非正式的释文。其要点是，将能源资源从一种形式转换到另一种形式，是要产生一定比例损失的，因为转换效率是低的。第一条定律是说杰克叔叔不可能用打包用的钢丝和几个易拉罐造出一台永动机，使一个国家能使用"自由能"。每当你要将一种形式的能量转化为另一种形式时，就要认真考虑这些定律。当我们用化石燃料燃烧来发电时，是将化学能转化为热能，再将热能转换成动能，动能再转变成电能。这个过程发生了多次的能量转化，而且每一次都不完美，这就是说每一次转化都要损失一部分能量。这些定律，特别是第二条，解释了电为什么是一种可以利用的主要优质能源。

当我们燃烧化石燃料时，我们就遇上了热力学第二定律和一项具体定理，这个定理是卡诺（效率）定理（Carnot efficiency）。萨迪·卡诺（Sadi Carnot）被认为是热力学之父，也是提升蒸汽机效率的一名法国物理学家。他证实了（蒸汽）发动机冷热端之间的温差决定了它的效率。即便是在摩擦或其他机械因素不导致任何能量损失的情况下，你也不可能从燃料燃烧中得到其全部的能量。实际上，这种能量转换硬性限制了发动机的效率。一辆小轿车发动机的效率可能有20%~25%，一辆卡车或许可达到30%。燃煤发电厂发电的效率一直努力想超过40%，但实际运行时通常只有25%。

当借助风力发电时，我们没有这些燃烧的热量损失，所发电量的95%能够给蓄能电池充电，驱动电动机，照明或给水加热和供暖。利用风能或太阳能发电，是节省能源的秘诀。如果我们实现万物电气化，澳大利亚便能以极少的能源来保持经济的正常运行。

在本章里，我将从汽车到炊具再到更为广泛的国民经济领域，概述一下可能涉及的一部分技术。

车辆电气化

在将能量转换为机械能方面，电动汽车的效率大约比它们的内燃机对手高出 3.5 倍。因为它们没有了燃油发动机。而燃油发动机在将燃料中的能量转换成动能时会浪费掉大约 80% 的能量（热能）。这就是为什么在你驾驶路虎时，如果在引擎罩下放一个罐子，可以煲罐汤的原因，这些能量正是被大量浪费掉的热能。

一辆电动汽车的蓄能电池虽然很重，但是电动机的效率大约是 95%，其重量也比内燃机轻。大多数电动车辆只有一个"挡位"，因为电动机在所有速度下都会输出较大的扭矩，因此就不再需要变速箱变速了，而变速箱则是内燃机能量损耗和重量较大的另一个影响因素。最后，由于电动汽车能够安装电力再生制动装置，能再给电池充电，因此可捕获相当多的能量，否则这些用于刹车的能量就得去加热刹车盘了。

在图 5.1 中，十分清晰地描述了此种情况，无论何种车型，这张图代表的是时代的潮流。一些人认为大型或长途卡车未来绝不会是电动的，直到为此争论的面红耳赤也无济于事，但这些车辆一定会变成电动的。卡车司机一天的安全驾驶时间不能超过 12 小时。也就是说，他们按照限定的速度，分为两个 6 个小时来驾驶，每一段限制行驶 600 千米。如此，今天使用的蓄能电池是完全可以满足这个要求的，而且你必须记住，电池正在变得更好和更便宜。我们将可能为这样的车辆专门建设充电设施。

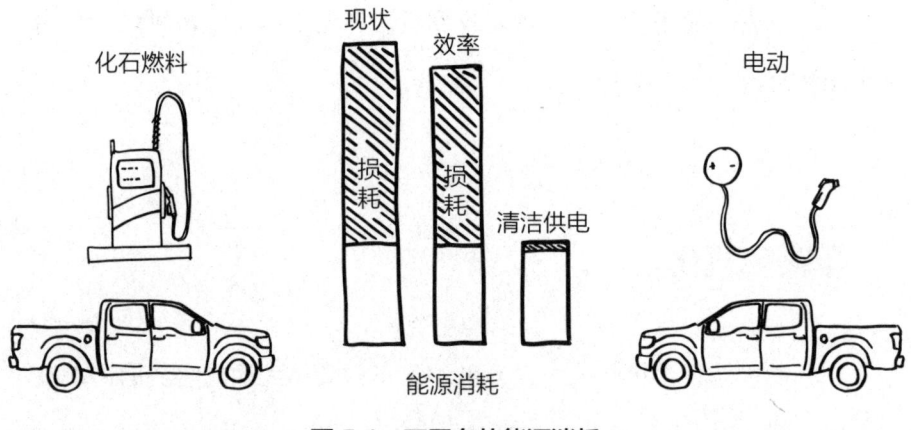

图 5.1　不同车的能源消耗

房屋采暖电气化

房屋采暖主要有 4 种方式：天然气、电阻加热（棒式加热器）、木柴取火、电逆向循环空调（热泵供暖系统）。

天然气采暖的效率大约有 90%，意味着天然气的每个单位能量会转换成 0.9 个单位的热量。

电阻供暖的效率略微高一点，接近 95%。

木柴取火的效率接近 75%，即在一间房屋里，可将圆木的一个单位能量转化为 0.75 个单位的热量。

最后，在澳大利亚正常气候下，电可逆循环空调系统（热泵）的效率可高达 380%。

图 5.2 提供给我们一张奇特的效率比较图。一台现有的燃气供暖装置的效率为 90% 或略高一些，但是一台热泵仅消耗不到三分之一的能量，就能让你的房间获得相同的热量。

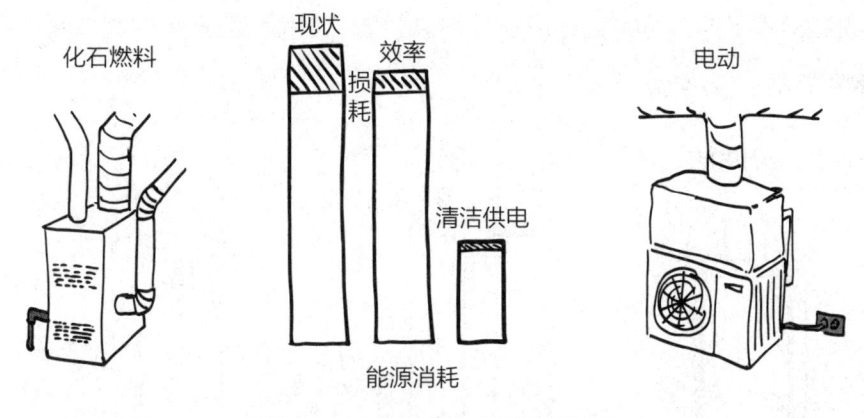

图 5.2　不同采暖方式的能源消耗

热水器电气化

用热水淋浴，对所有人都很重要，但许多人并不注意用温水冲洗暴露于细菌中的双手。就像房屋采暖一样，对这方面的用水进行加热是一种"低温加热"（这种对水在沸点以下时进行加热的表述很不科学），它适合由热泵来供应热量，效率与房屋采暖是一样的。

在这方面，热泵再次显出优势，其"效率"高达 300%~400%，这意味着它们用三分之一到四分之一的能量就能加热相同数量的水，见图 5.3。我在伍伦贡家中的后院，安装了一个用热泵加热的隔热浴缸：当太阳能发出的电量有剩余时，我就用它把热量"泵"入浴缸，以便晚餐后我能泡个热水澡。

一些人可能指出，在澳大利亚你可以用阳光直接加热水。在这方面，"日光能"（Solahart）这个品牌多年来一直拥有颇受欢迎的技术。它用日光加热水的效率大约是 80%，而太阳能发电的效率是 20%，用热泵将电再转换为热的效率是 400%，所以用日光直接加热水与使用太阳能电池板和一台热泵的效率基本一样。已经有一些性急的老工程师们就此要与我联系，我期待与他们进行交流。

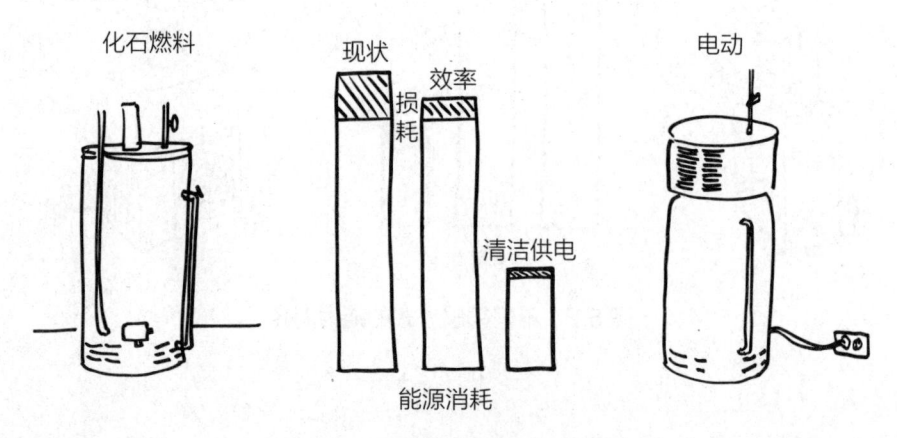

图 5.3 不同热水器的能源消耗

烹饪电气化

用燃气烹饪的效率比电力烹饪的效率低得多。一台燃气灶的效率大约有 30%，而一台电阻式灶具的效率为 70%，电磁炉的效率则更高。

图 5.4 表明了各种加热方式的效率。当你用一台天然气燃气炉加热一壶水时，天然气中 90% 或更多的能量转变为热量，但这些热量会损失 70%，它们会散失在厨房或房间中，并没有去加热水。如果你这段时间一直在做饭，就能感受到这种能量。你也能感受到从壶底和其侧面辐射出来的热量。电阻式加热器要好一些，因为热被更直接地传递到壶里，效率通常有 70%，比燃气的高两倍。电磁感应炉是非凡的新技术，使用磁场的力量直接将热能作用于水壶，而不扩散到房间。它将电转化为开水的效率高达 90%，与燃气灶具相比，你在各方面都会获得更好的烹饪体验：加热更快、温度调

节更方便、灶具清洗更便捷、厨房更凉爽、灼伤孩子的危险性更低，家里的空气更清洁。

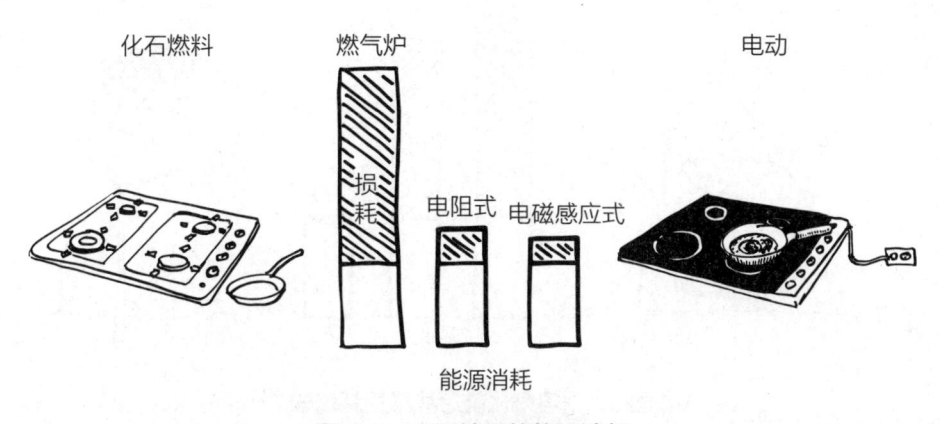

图 5.4 不同灶具的能源消耗

发电，而非供热

今天我们大部分的电由煤或天然气产生。在澳大利亚能源体系中，这是最大的能量损失源，这是因为热力学第二定律以及这样一个事实——大部分能量以热的方式"逃脱"了，并没有转化为电。让我们继续按照图示的指引来研究一下电气化的热力学。图 5.5 显示，若用风能、水能和太阳能发出所有的电，可以减少 60%~70% 的能源损耗，而大量能源损耗是我们现在用化石燃料发电这种方法所无法避免的问题。图示左侧的白云代表从燃煤或燃气发电厂冷却塔逸出的水蒸气，所谓的白云就是"逃进"大气层而损失的热量，它们并没有转化为电能。在右侧，太阳能电池板和风力发电机则没有这样的损耗。

也许，你现在正在发现这种趋势。几十年来我们被告知的是要提高效率，但是我们本应被告知的是要更多的用电并使电力更加的可再生，因为电气化才能获得真正的高效率。

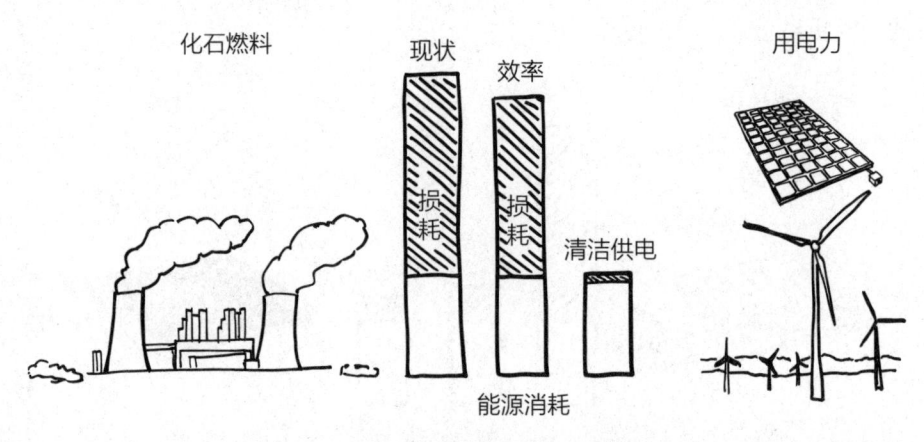

图 5.5 电气化前后能量损耗比较

工业电气化

人们认为工业电气化将会太艰难，但事实未必如此。工业中有很多与我们刚刚讨论过的一样的例子。工业使世上许多事情发生了转变，当它们被电气化以后，将会更有效率。工业需要对很多物体进行加热，降低或升高温度，这两者在采用电热泵系统和电磁炉时都将实现高效率。电化学正在取代许多传统的工业加工过程，包括炼钢和其他金属行业。对于高载能行业，它可以不断降低其能耗，促进工业生产率的提高。

电气化的澳大利亚经济

如同这些简单的例子一样，他们抓住了应用电气化来取得成功的本质：更高效率的经济。经济学家认同这个概念并将其称为"能源生产率"，也就是我们消耗每单位能源与所获经济效益之比。一些国家为提高一点生产率而努力了几十年，我们几乎可以看到，通过电气化将使我们的经济效益倍增。

你可以使用下述简单易懂的法则去推广电气化：

1. 采用风能、太阳能或水力发电，仅需要化石燃料发电所需能量的三分之一，化石燃料发电要损失三分之二的能量。

2. 无论大小或车型，一台电动汽车消耗的能源仅是化石燃料汽车的三分之一。

3. 对于家用热水和采暖这样的"低温加热"，热泵只需要三分之一到四分之一的能量就能达到化石燃料同样的效果。

4. 对于高温加热，电磁炉所需能量仅为以化石燃料提供热量的厨具所需能量的一半到四分之三。

我们可以对澳大利亚实施电气化前后的变化进行一下粗略对比。在图 5.6 中，我逐条逐字谨慎地核对了澳大利亚的能源数据，并使用了多个行业电气化后在效率上获得的大致收益。即便是考虑发展的因素，而且是在一些工作做得尚不完美的情况下，比如在电能储存和输送中的损失，我们也可以有一定信心地说：实施电气化后的澳大利亚经济将会把能源消耗降低一半以上。当然，对于那些真正的传统环保主义者，他们忍受着 20 世纪 70~90 年代能量效率之战的创伤，不会希望你从中得出这样一个总体结论。按此方式，我们仍然拥有像现在一样大的汽车，唯一不同的是电动的；我们仍然拥有世界上最大的房子，是用电的；我们仍然拥有工业和商业，是用电的。我们能够拥有我们今天所拥有的一切——仅仅使用了一半的能源。

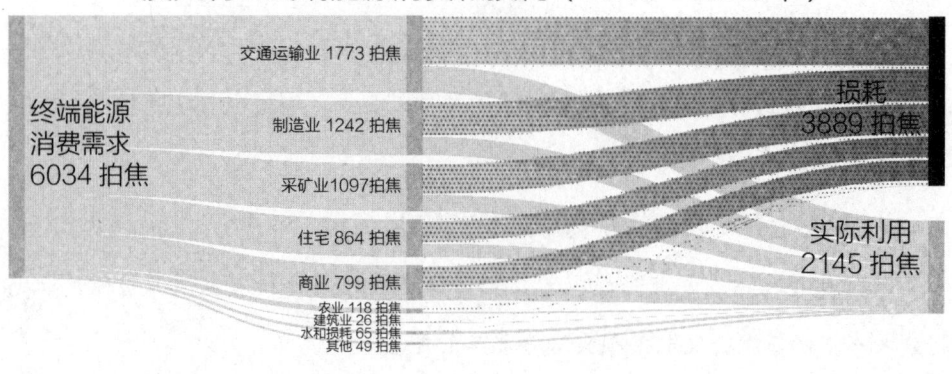

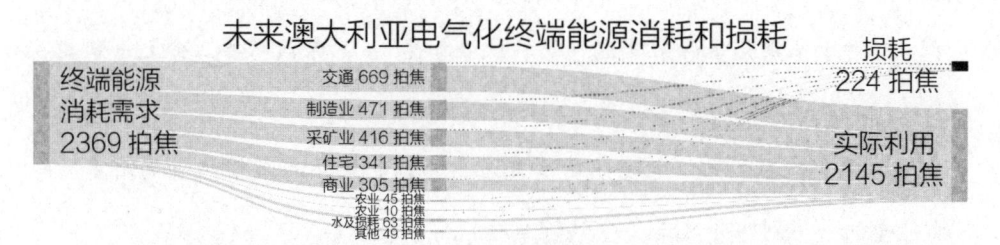

澳大利亚终端能源消费和损耗（2018~2019年）

- 终端能源消费需求 6034 拍焦
  - 交通运输业 1773 拍焦
  - 制造业 1242 拍焦
  - 采矿业 1097 拍焦
  - 住宅 864 拍焦
  - 商业 799 拍焦
  - 农业 118 拍焦
  - 建筑业 26 拍焦
  - 水和损耗 65 拍焦
  - 其他 49 拍焦
- 损耗 3889 拍焦
- 实际利用 2145 拍焦

未来澳大利亚电气化终端能源消耗和损耗

- 终端能源消耗需求 2369 拍焦
  - 交通 669 拍焦
  - 制造业 471 拍焦
  - 采矿业 416 拍焦
  - 住宅 341 拍焦
  - 商业 305 拍焦
  - 农业 45 拍焦
  - 建筑业 10 拍焦
  - 水及损耗 63 拍焦
  - 其他 49 拍焦
- 损耗 224 拍焦
- 实际利用 2145 拍焦

图 5.6　万物电气化条件下，澳大利亚国内经济对能源消耗（与损耗）的差别

资料来源：《2020年澳大利亚能源统计》和《澳大利亚电力改革》。

当然了，我们还应该对房屋进行隔热改造、密闭缝隙、骑自行车和使用公共交通工具。所有这些事情也将大幅降低我们的能源需求。我们的核心要点是：为解决气候变化问题，我们不必做得尽善尽美，我们仅需要电气化。

处处电气化，越多越美好

关于电气化，重要的是牢记这样的观点：越多越好。越多的车辆电动化了，越容易找到充电站。电动汽车越多，作为车轮上的蓄能电池组就能够更容易地吸纳我们丰富的可再生能源。电气化供热的家庭越多，需求响应和储存电能的机会就越多。电气化的行业越多，我们生产的电力就越多，也就更容易电气化其他行业。更多的屋顶太阳能，会带来更多的电动汽车、更多的电采暖系统、更多的商业和电气化的工业、更多的风力发电机和更多的蓄能电池。

你现在看到了变化的趋势：实现电气化的事情越多，就越容易使万物电气化。

第六章
便宜而且越来越便宜

- 在许多情况下，可再生能源比化石燃料便宜。
- 提高生产率将会进一步削减技术成本。为应对气候变化，生产足够多的可再生能源、蓄能电池和电动汽车将使其成本降低一半以上。
- 如果保持当前的可再生能源增速，到2040年，我们完全可能实现全球脱碳。

我们拥有创造零碳未来的技术，但是我们能够承担得起这样的变革吗？每当想到我们赖以生存的地球以及与我们分享大自然的可爱动植物的未来，再去讨论减排的成本问题似乎是对神灵的亵渎。关于造就我们美好未来的这些变革，我们不得不去评估其经济成本，这实在是让人感到郁闷。在本章中，我会努力向大家展示：拯救地球实际上会节省每个人的钱。

在迈克尔·曼（Michael Mann）的杰作《新的气候战争》（*The New Climate War*）一书中，他坦率地指出了现在化石燃料行业所采用的拖延战术，诸如制造混乱、与官僚机构一起延缓进度或兜售技术八卦以维持这个行业的利润，这将把我们的子孙置于危险的境地。澳大利亚政府就是一个再好不过的例子了。

有一个夺人耳目的简洁警句"是技术，不是税收"（technology, not

taxes），就好像是我们都希望的：技术奇迹会扭转乾坤。它掩盖了必须采取行动的紧迫性，掩盖了不仅没有对化石燃料征税，甚至正在给化石燃料补贴的事实。

引导民众向更好的未来迈进是政府的责任。这项工作可不是拖延观望、袖手旁观就会有解决方案的。这需要听取最好的建议和利用大量数据来制定政策。人们得有引领未来的远见卓识。这就是为什么人们喜爱约翰·肯尼迪（John F. Kennedy）的演讲"我们选择登月"，这为全美，实际上也是为全球设定了一个目标，从而得到了人们的支持。

就像上一章所阐述的，有一点非常清楚，就是电力在应对气候变化中扮演着重要的角色。10年间，这一点对许多人已产生了显著影响，但是它仍然被澳大利亚政府两党所回避，没有人敢于制定一个全国电气化的进度表，尽管它是国家需要的。坐等一个新的或更廉价的技术到来将会耗时太久。

我们已经知道（并且有100多年的资料作支撑），就技术而论，降低成本大多取决于"从实践中学习"。我们对一个新技术使用得越多，这个技术的成本就会降得越多。鉴于我们既要电气化又要去碳化，澳大利亚必将紧追降低成本的浪潮。在这之前的20年中，技术进步已经降低了关键技术——太阳能、风能和蓄能电池的成本，并将它们降到化石燃料成本以下。全球能源供给需要去碳化的规模，足以使可再生能源的成本降低一半，这样将在成本上击败化石燃料。在本章中，我将解释为什么会这样。

电力价格已经很低，而且会越来越低

清洁电力已经是非常便宜了，而且会更便宜。其中一些价格还会进一步降低——倘若我们糟糕的规章制度不把这事搅黄的话。当能源专家们比较不同类型的能源价格时，他们用的是均化能源成本（LCOE），也就是某种特定技术在计入了其全部生命周期成本（如建设成本、运营成本和退出成本）后每千瓦·时的成本，如图6.1。跟踪 LCOE 来指导投资行为的拉扎德（Lazard）资产管理公司提供的数据，给出了可再生能源价格比化石燃料

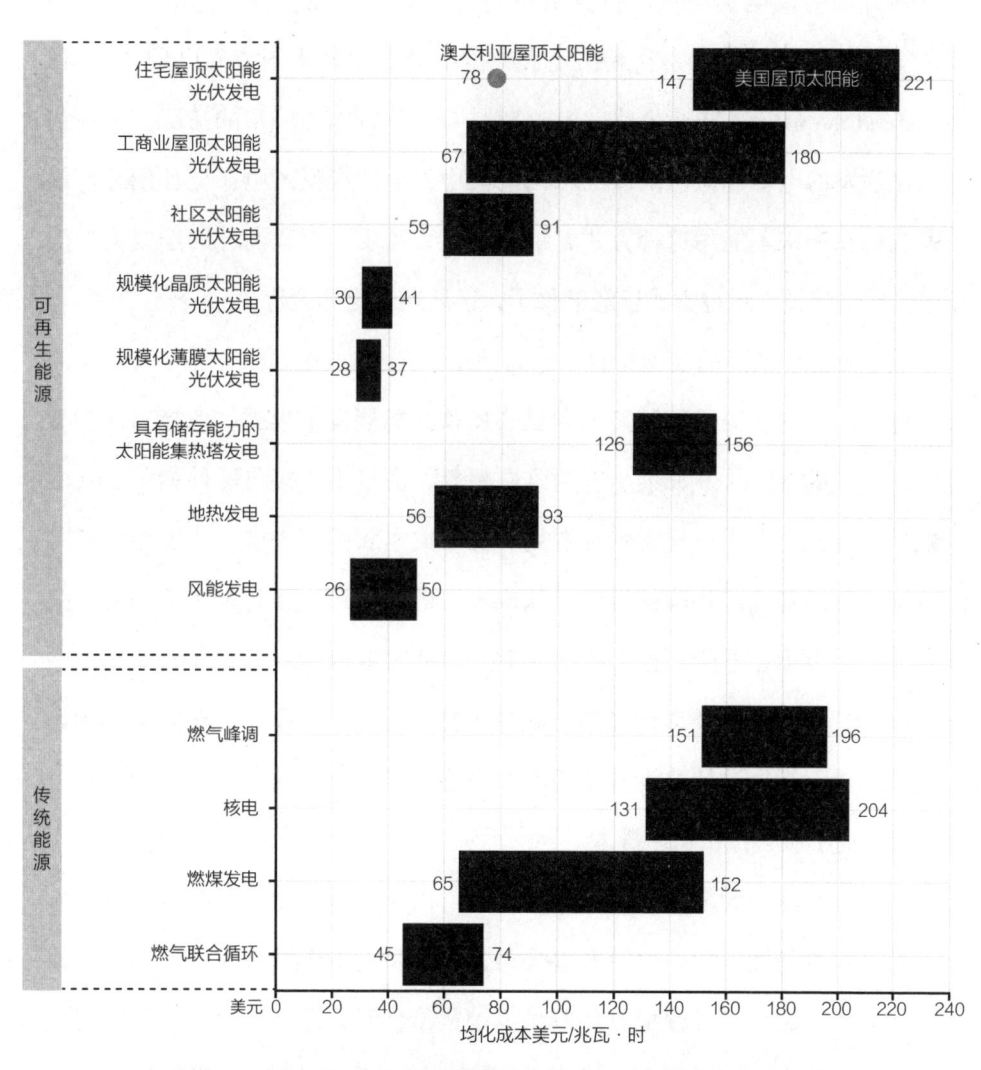

图6.1 资源均化能源成本比较（分析中未考虑补贴的因素）

价格便宜的具体程度。拉扎德公司最新报告显示，电力公司规模化建设的太阳能发电成本为3.7分/千瓦·时，风能为4.1分/千瓦·时；而天然气的发电成本为5.6分/千瓦·时，燃煤发电为10.9分/千瓦·时。这些数据表明，太阳能和风能是新一代发电技术中最廉价的。

这些令人瞠目的低均化发电成本是电力公司规模建设情况下的数字。屋顶太阳能发电甚至可以做到成本更低。如果你准备自己发电，你就不必支付配电费用。澳大利亚已经大幅度降低了屋顶太阳能发电的"表前"（behind the meter）电量成本——这就是在不依赖电力公司的情况下，在我们屋顶发的电要比只能依靠配电网的集中发电厂提供的电要更加便宜。尽管我们在未来不能用这种方式解决所有电力需求，但我们可以按极大的规模去实施建设。这种方式已经廉价了，以后还会更加廉价。

一位海外澳裔朋友安德鲁·伯奇（Andrew Birch）写了一篇很有影响的文章，内容是在美国复制澳大利亚式屋顶太阳能发电模式。他指出，在美国的"软成本"（soft costs）大的难以想象，而且不直接与硬件相关。其中包括许可检查费用、日常管理费用、交易成本和销售成本。美国能源部同意该文章的观点，将削减目前"软成本"的目标锁定至每瓦1美元。澳大利亚人完全不能忍受官僚机构的压制，因此才能成功地消除太阳能发电的"软成本"。我们需要以同样的方式处理热泵系统、汽车、汽车充电基础设施和家用蓄能电池的建设安装问题，并确保未来节省的资金要兑现给每个家庭，而不被官僚机构所攫取。

这就是屋顶太阳能变革的核心要点。由于没有了输电和配电成本，显而易见它将是廉价的。即便电力公司大规模发的电免费，我们也不知道他们如何才能做到经过输配电环节将电销售给你时，还能比屋顶太阳能的成本更低。输电、配电和售电费用通常超过澳大利亚电力成本的一半以上，总计每千瓦·时超过 15 分。这并不意味着全球都要靠太阳能来供电。但是，如果我们要寻求最低成本的能源体系，那么我们电量需求中相当大的一部分将来自屋顶和社区太阳能发电。

可再生能源将会更廉价

风能和太阳能发电成本如此迅速地下降，以致那些发明家们都很难赶上这个步伐。2006 年我在马卡尼电力公司（Makani Power）工作，这是一家风筝式风力发电公司。当时的想法是将风力发电的成本做到 3~4 分 / 千瓦·时，使它低于天然气发电的成本，比同期其他风力发电成本低 5~6 倍。这个项目真的令人惊叹，桨翼就像波音 747 飞机的机翼一样大，由巨大的缆绳系住，以 200 英里（1 英里约合 1.609 千米）的时速旋转，并承受 8g 的加速度，可以产生兆瓦级的电力。由于有谷歌公司的投资支持，该公司的发展势头激动人心，业务最终扩展到海上，并与壳牌公司合作在挪威做了一个示范项目。

与此同时，整个风能产业也迈出了历史性的步伐。目前，常规方式建设的风力发电机组的发电成本为 3~4 分 / 千瓦·时。2020 年，由于没有技术优势，马卡尼电力公司关闭了。它的技术和应用虽然是好的，但常规风力发电单凭大规模建设这一条，便找到了大幅度降低成本的改进方法。马卡尼电力公司的技术虽然没有在成本战中获胜，但是在全球促进风能、太阳能和蓄能电池降低成本并与化石燃料竞争的宏大运动中，以及在创新者生态系统建设中，它都占有一席之地。

2011 年，我和莱拉·马德龙（Leila Madrone）、吉姆·麦克布莱德（Jim

McBride）开创了另一家公司——阳光福鼎（Sunfolding）公司。最初，我们专注于研制伺服跟踪装置——可以让太阳能装置准确地跟踪太阳在天空中运行轨迹的机械装置。但是，太阳能光伏电池板的价格不断下降，又无情地将我们踢出局。就像硅谷的人嘲笑我们的那样，我们为了光伏发电而以跟踪装置为"轴心"。当然，我们并未完全"出局"，目前正在将这个技术以"地板价"卖给工业化的太阳能发电厂，使其成本降到了2分/千瓦·时左右，比我们预想的成本要低，比任何化石燃料发电的成本要低得多。

有两种方法可以降低能源成本：一是发明更好的"捕鼠器"，二是以惊人的数量生产"捕鼠器"。前者"在研究中学习"，通常由累计投资来衡量；后者"在实践中学习"，通常由累计的总产量来衡量。马克尼能源公司要做的是一个纯粹的好"捕鼠器"，但在扩大产量方面却无能为力。阳光福鼎的业务是改进一个元器件——该行业众多小元器件中的一个。这是一种发明创造，但产品不是一个完整的"捕鼠器"，而像是"捕鼠器"上一个更好的弹簧。阳光福鼎的跟踪技术能从大约1澳元/瓦的光伏组件建设成本中压缩至5~10分。其节约成本的一半来自我们发明的硬件，关键的另一半是减少了安装的劳动力成本。正是这些材料与劳动力方面的小功效，代表着"在实践中学习"的成本节省。就像实证研究所证明的，这些例子表明我们必须加大这方面能力的投入，以在零碳能源领域最大限度地降低成本。

正是"在实践中学习"使得工作的开展具有了预见性。正如我们所看到的，太阳能和风能产业持续升级，随着更新迭代，其结果是成本越来越低。"在实践中学习"的改进效果可用"学习曲线比率"来衡量，它可定义为：在技术投资加倍后其成本下降的百分比。对这些"学习曲线比率"最初的观察结果之一，被称为莱特定律（Wright's law），它决定着飞机和汽车的制造成本，例如，当产量上升时，福特T型车的价格就呈下降趋势（详见图6.2）。这种现象也印证了摩尔定律（Moore's law）[25]——集成电路的密度以令人吃惊的指数级速度递增。

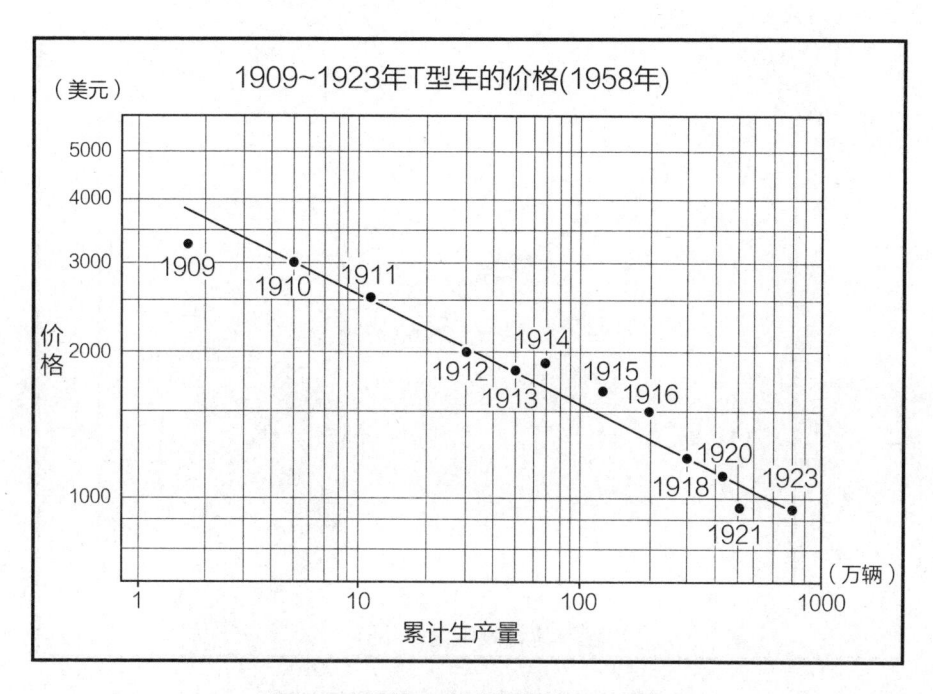

1909~1923年T型车的价格(1958年)

（美元）纵轴；累计生产量（万辆）横轴

图6.2 福特T型车价格的学习曲线

资料来源：阿伯内西（Abernathy）和韦恩（Wayne），《学习曲线的极限》(Limits of the Learning Curve)，《哈佛商业观察》(Harvard Business Review)，1974年。

在发电行业，光伏发电的学习曲线比率大约为22%，风电约为12%，与在20世纪初化石燃料发电全盛时期成本下降的速度一样快，或更快。[26] 对于太阳能来说，装机容量每增加一倍将降低20%的成本，这已经成为大家所知的斯旺森定律（Swanson's law）。该定律以理查德·斯旺森（Richard Swanson）的名字命名，斯旺森是太阳能电力公司（Sun Power Corporation）的创始人。这种学习过程取得的进步如图6.3所示，它表明即便是发生极端经济事件（如2008年的经济危机），太阳能光伏发电照样继续朝着更低成本的方向迈进。[27] 不仅如此，在刚刚过去的5年里，全球新的可再生能源装

103

机规模已经超过了化石燃料（2018年几乎是2∶1的关系）。[28]这意味着太阳能有更多的机会进行"学习"，有更多的机会去降低成本。

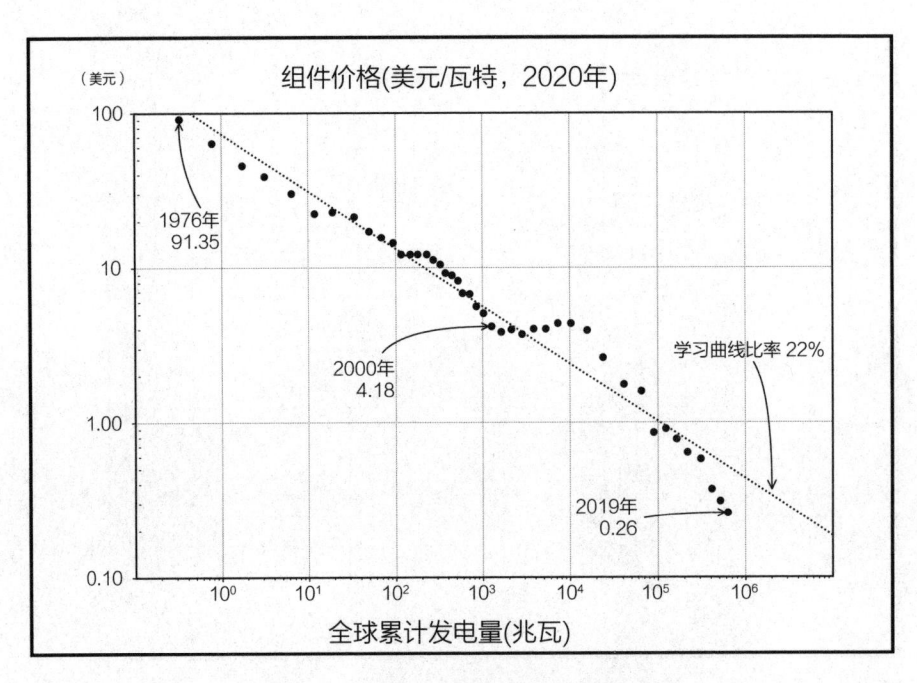

图6.3 光伏电池组件价格学习曲线

资料来源：黑格尔（Haegel）等，《太瓦级规模光伏发电：发展路径和挑战》（*Terawatt-scale photovoltaics: trajectories and challenges*），《科学》（*Science*），2017年。

如今，全球大约安装了2.5亿千瓦的风电和1.25亿千瓦的太阳能发电容量。若要万物电气化，我们大概需要安装100亿~200亿千瓦发电能力的设备（准确的数量取决于全球人口增长，以及生活质量水平和享受这种生活的人口比例）。这意味着太阳能光伏电池板和风力发电机组在规模上还要增加许多倍，才能满足我们对此发电容量的需求。如果每翻一番成本下降20%，那么翻三番后成本就可下降到初始值的51%左右；翻四番就只有41%；翻五番之后就只有原来成本的33%。考虑到需求的增长规模，未来有广阔的空间可用来降低成本，促使可再生能源比其竞争对手化石燃料更加便宜。

换个角度说，如果我们承诺大规模使用太阳能和风能来应对气候变化，那么仅此一项就可以将可再生能源的成本降低一半，这对化石燃料来说可谓是雪上加霜。

所有这些都为这个行业提供了难得的机遇，只是大或小之别。硅谷的神话就是"破"字当头，而且总是做得很好。那些由打破常规的创始者们取得的成就，正在让世界改变思路。这种模式在软件领域的作用很明显，而在硬件领域却不怎么起作用，特别是在基础设施领域更是如此。这些领域天生保守，因为这些领域创新失败的后果极其严重，而且也是保证设施设备可靠工作20年以上的一种需要。正如我们所见，通过在研究领域持续投资，加之设备生产规模扩大，就可以取得预期的进展。我们确实需要一些新兴公司去创新，甚至需要突破性思维方式，即使仅仅是因为他们激发了我们的雄心壮志，也需要这样做。但是我们最需要的是大公司把握住这些创新的机会，把规模做大。对政府而言，要承担起明确能源发展战略的义务，促使这些公司做出适当的长期资本投资。我们需要一个国家战略，用"承诺和资本"替代"是技术，不是税收"这个信条。当我们做出承诺时，资本就会跟来，成本就会降低。电气化的未来将是我们一直期盼的那个成本低廉且能源供给充沛的未来。

可再生能源已经在路上

如果可再生能源产量能保持下面这样的增长率，我们就能问自己两个简单的问题：一是它能廉价到什么程度？二是到什么时候才能实现零排放？

国际可再生能源署（The International Renewable Energy Agency，IRENA）存有全球可再生能源发电装机的基础数据。查看一下过去10年的数据，我们可以看到的增长率是：水电平均为2.5%，海洋发电为0.5%，风电为12.5%，太阳能发电为22.2%，生物发电为6.1%，地热发电为3.6%。

这些数字相当令人吃惊。如果我们仅仅保持住风电、太阳能发电、水电、生物能发电和其他可再生能源的生产增长率，那么到2040年以前，这些能源就可满足全球的能源需求，见图6.4。当然，这是通过指数级增长的"魔力"计算出来的，但它确实告诉了人们，我们正走在电气化这条不可逆转的道路上。它也告诉我们，这是能够做到的，并且我们已经使这个关键产业发展得几乎足够快了。

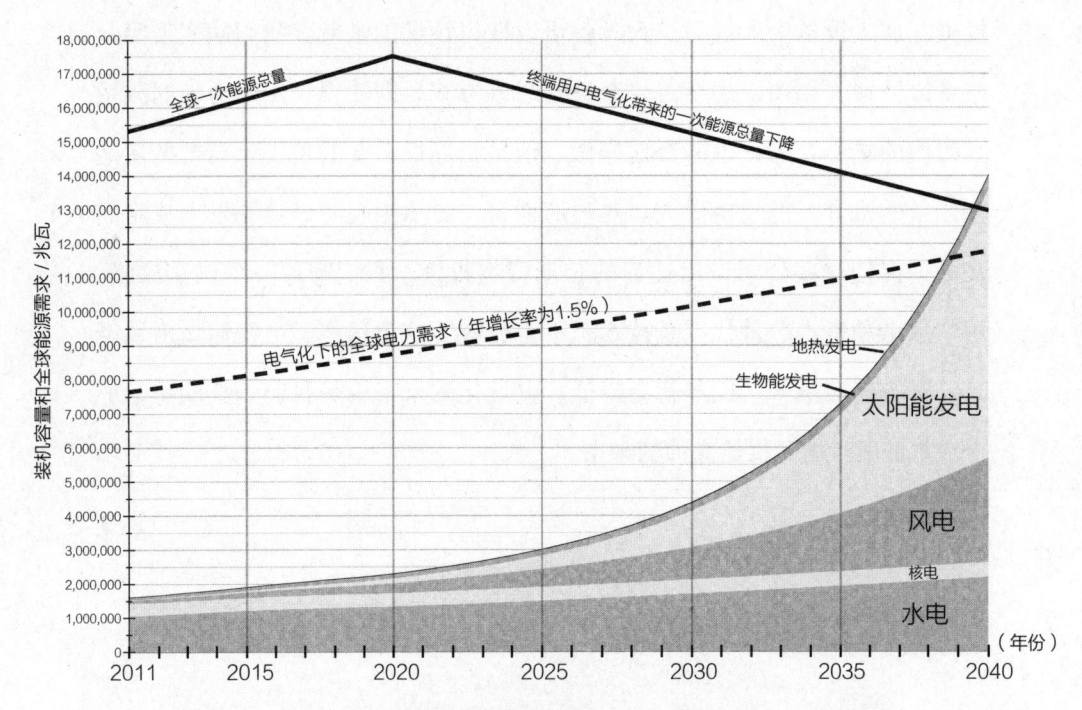

图6.4 过去10年可再生能源装机容量，以及在当前这种增长率下到2040年前模拟的增长情况

不仅如此，从我们讨论过的"学习曲线"中可以看到，太阳能发电量增长 30 倍将导致成本下降 80%。未来，太阳能发电的成本将只有今天的 20%——更何况如今它的成本已经够低了；风电的成本将降低 65%；蓄能电池的成本下降甚至会更快。对于那些认为此事做不成的人，你可以简单地回答：可再生能源已经在路上，我们会让它走得更快。

第七章
住宅电气化

- 在澳大利亚国内经济活动的各种排放中,家庭排放占比最大。
- 家庭电气化将大幅降低排放水平,同时还能节省家庭能源消费支出。
- 如果现在实施家庭电气化,2035年就能节省家庭支出超过3000亿澳元。

澳大利亚人喜欢拥有自己的房子。长期以来,有关房地产领域的"过度投资"问题都是经济学家们的热门话题,此外报纸杂志上也不断刊载文章,提醒我们负债是否太多或不足、租户是否太多或太少、住高楼还是低层建筑等。但看起来,这些议论并没有降低我们购房并为其配备比萨烤炉、咖啡机和大电视的欲望。在这个世界上,我们的住宅是最大的。但有一点不太确定,那就是我们是否应该为此感到自豪。很显然,我们都"需要"

空调、大型车库和媒体室等奢侈品。

在车库里、门外的大街上，甚至门前用砌块铺就的庭院地面上都承载着澳大利亚式的痴迷：轿车、皮卡、卡车、箱型货车以及四轮驱动汽车等。同样，报纸上的大量版面充斥着相关评论，比如哪一种汽车最好、性价比是否最高、性能是否最出色、是否最具怀旧风格，哪种最不入流等。正如我们的房子一样，现在的车越造越大，奇怪的是它们的外观都开始变得相似起来。

我们在灶台边所做的各种决策中，有关住房和车辆的选择对气候的影响最大。数十年来，为了保护环境，人们对减少资源使用、重复利用资源和循环使用废旧物品等方面的忠告收效甚微。需要搞清楚的关键一点是，一些不经意间的决策决定着我们对气候的影响：比如屋顶安装什么（是否利用太阳能）、车库里停放的是什么（是否为电动汽车）、厨房里配备的是什么（做饭时是否用电）、地下室或者房子里都布置了什么（是否使用电采暖、电热水器），是否配备电池等。这些东西你可能每十年左右才置办一次，不用每天做出决定；一旦你买了，它们就成为与你一生相伴的设施。如果做出了正确选择（电气化），你每天的"气候友好行为"也就被锁定了。如果你还没有做出这些重大决定，那么你仅能对气候产生较小的影响，而且令人沮丧的是，你的这些影响会在数千个零零碎碎的购买决定中体现出来。对地球而言，这些选择中哪一个会更好呢？

明智的政府应该深入选民家中，向他们宣传有助于改善住房和汽车使用的气候和能源政策。在帮助每个家庭实现电气化、达成净零排放目标的过程中，我们的着眼点应该放在与人们日常生活密切相关的基础设施方面。这是一项国家工程，而非一场文化战争。今天，各种技术条件已经基本就绪，对澳大利亚而言，这是个极佳的过渡期。早减排就能多受益，从而能

第七章　住宅电气化

在住宅电气化方面走在世界前面，这就是为什么从昨天起全国要积极行动起来的原因。此外，你还能省钱，孩子会更健康，你们社区的空气和水将会更清洁。

家庭排放

澳大利亚国内经济活动的排放中，家庭排放占比最高，达到42%。我们可以看一下图7.1中所列的各个分项。在图中，我就《联合国气候变化框架公约》（UNFCCC）规定的排放类型，针对澳大利亚的相关行业、领域进行了调整，其中包括我们此前讨论过的国内排放情形。然后，我们把这些排放分解到家庭活动中。令一些人感到惊讶的是，私家车在家庭排放中位列首位，紧随其后是电的消费，原因在于澳大利亚的电力供应仍然以燃煤和燃气发电为主。总的来说，约79%的家庭排放来自能源消费，其次是农业排放（我们吃的食物），约占17%。令人惊奇的是，固体废物（垃圾）的排放占比很少。降废通常是大公司关注的一个领域，这也许是因为它们确信没人喜欢垃圾，所以在推销自己的绿色标签方面，相较于调整供应链，这是一种更容易的途径。摆在我们面前的家庭排放现状足以说明，当务之急是在电力生产、运输等环节以及家庭燃气设施等方面实施"去碳化"改造。

我之所以把重点放在家庭方面，是因为这很直观；其实我们的商业部门（小企业、零售业和商业建筑）在能源使用模式和设施方面也很类似。我们在家庭去碳化方面的举措也同样适用于大多数商业部门，这意味着我们可以轻松应对澳大利亚国内排放中的另外29%。

大转折

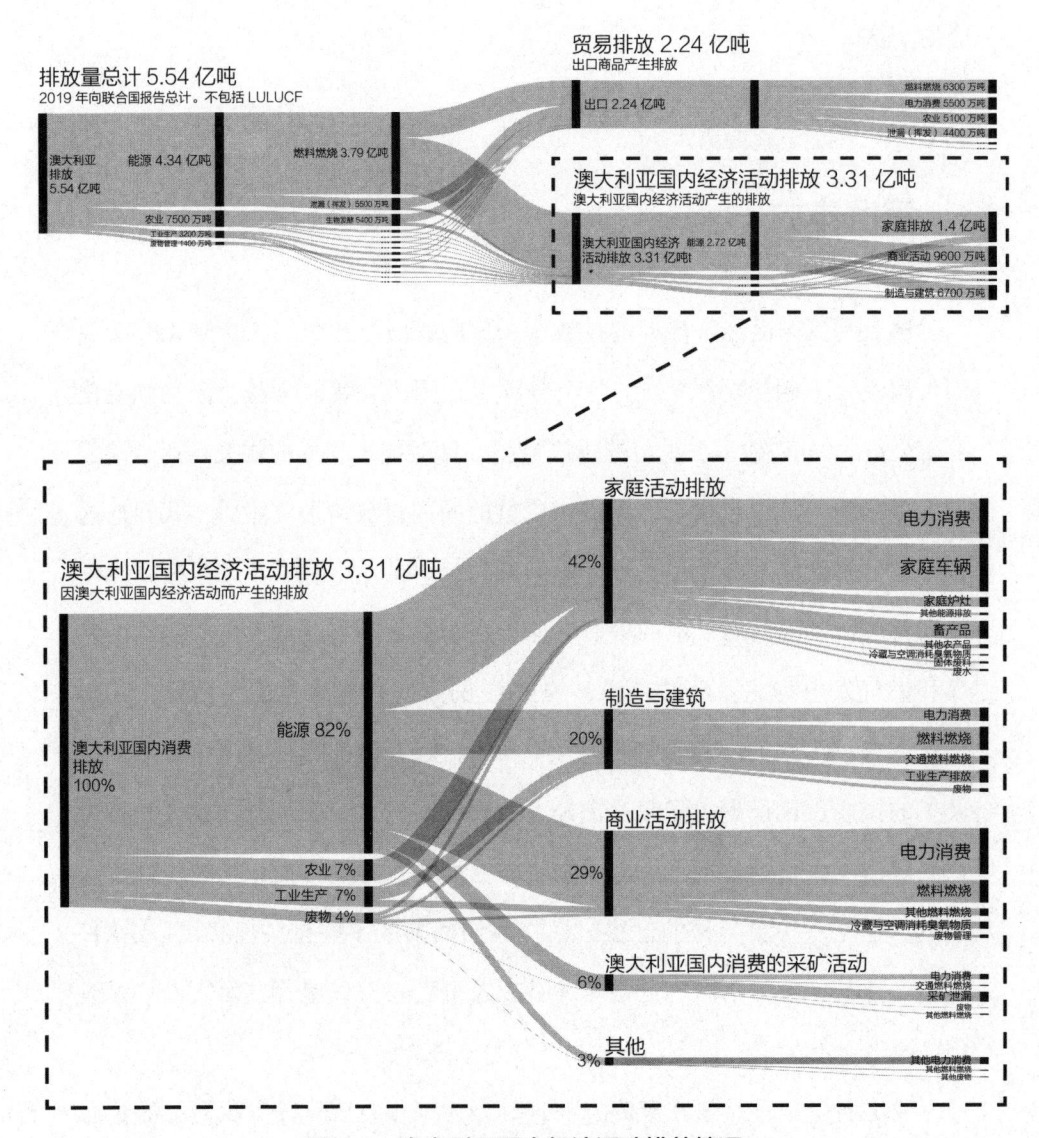

排放量总计 5.54 亿吨
2019 年向联合国报告总计。不包括 LULUCF

贸易排放 2.24 亿吨
出口商品产生排放

- 澳大利亚排放 5.54 亿吨
- 能源 4.34 亿吨
- 燃料燃烧 3.79 亿吨
- 泄露（挥发）5500 万吨
- 生物发酵 5400 万吨
- 农业 7500 万吨
- 工业生产 3200 万吨
- 废物管理 1400 万吨

出口 2.24 亿吨
- 燃料燃烧 6300 万吨
- 电力消费 5500 万吨
- 农业 5100 万吨
- 泄露（挥发）4400 万吨

澳大利亚国内经济活动排放 3.31 亿吨
澳大利亚国内经济活动产生的排放

澳大利亚国内经济活动排放 3.31 亿吨，能源 2.72 亿吨

- 家庭排放 1.4 亿吨
- 商业活动 9600 万吨
- 制造与建筑 6700 万吨

澳大利亚国内经济活动排放 3.31 亿吨
因澳大利亚国内经济活动而产生的排放

澳大利亚国内消费排放 100%
- 能源 82%
- 农业 7%
- 工业生产 7%
- 废物 4%

家庭活动排放 42%
- 电力消费
- 家庭车辆
- 家庭炉灶
- 其他能源排放
- 畜产品
- 其他农产品
- 冷藏与空调消耗臭氧物质
- 固体废料
- 废水

制造与建筑 20%
- 电力消费
- 燃料燃烧
- 交通燃料燃烧
- 工业生产排放
- 废物

商业活动排放 29%
- 电力消费
- 燃料燃烧
- 其他燃料燃烧
- 冷藏与空调消耗臭氧物质
- 废物管理

澳大利亚国内消费的采矿活动 6%
- 电力消费
- 交通燃料燃烧
- 采矿泄漏
- 废物
- 其他燃料燃烧

其他 3%
- 其他电力消费
- 其他燃料燃烧
- 其他排放

图 7.1　澳大利亚国内经济活动排放情况

第七章 住宅电气化

图7.2展示了澳大利亚家庭平均排放的情况。从图中可以看出能源消费制造了最大的排放源，按分类看首先是车辆的能源排放，其次是以化石燃料为主的电网电力供应。

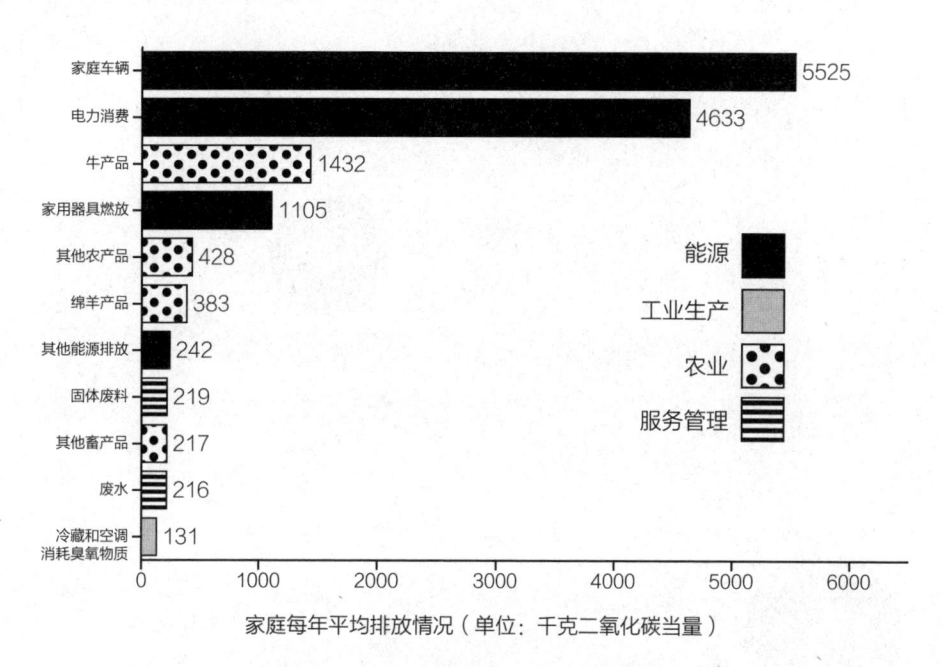

家庭车辆	5525
电力消费	4633
牛产品	1432
家用器具燃放	1105
其他农产品	428
绵羊产品	383
其他能源排放	242
固体废料	219
其他畜产品	217
废水	216
冷藏和空调消耗臭氧物质	131

家庭每年平均排放情况（单位：千克二氧化碳当量）

图例：能源、工业生产、农业、服务管理

图7.2 澳大利亚家庭平均排放情况

资料来源：《澳大利亚政府2019年执行巴黎协议情况》（*Australian Government Paris Agreement Inventory 2019*）及《澳大利亚电力改革》（*Rewiring Australia*）。

家庭支出

澳大利亚家庭平均每年用于能源上的花费大约为5000澳元，其中汽车燃油消费约3000澳元，电力消费1600澳元，燃气消费600澳元，也有一小部分费用花在木材上（如图7.3所示）。但要记住这只是虚构的"平均"情况，即假设每户大约2.6口人和1.8辆汽车，所以，当一个家庭拥有

113

澳大利亚年度家庭支出中值
总支出约73,000澳元，能源支出约5451澳元

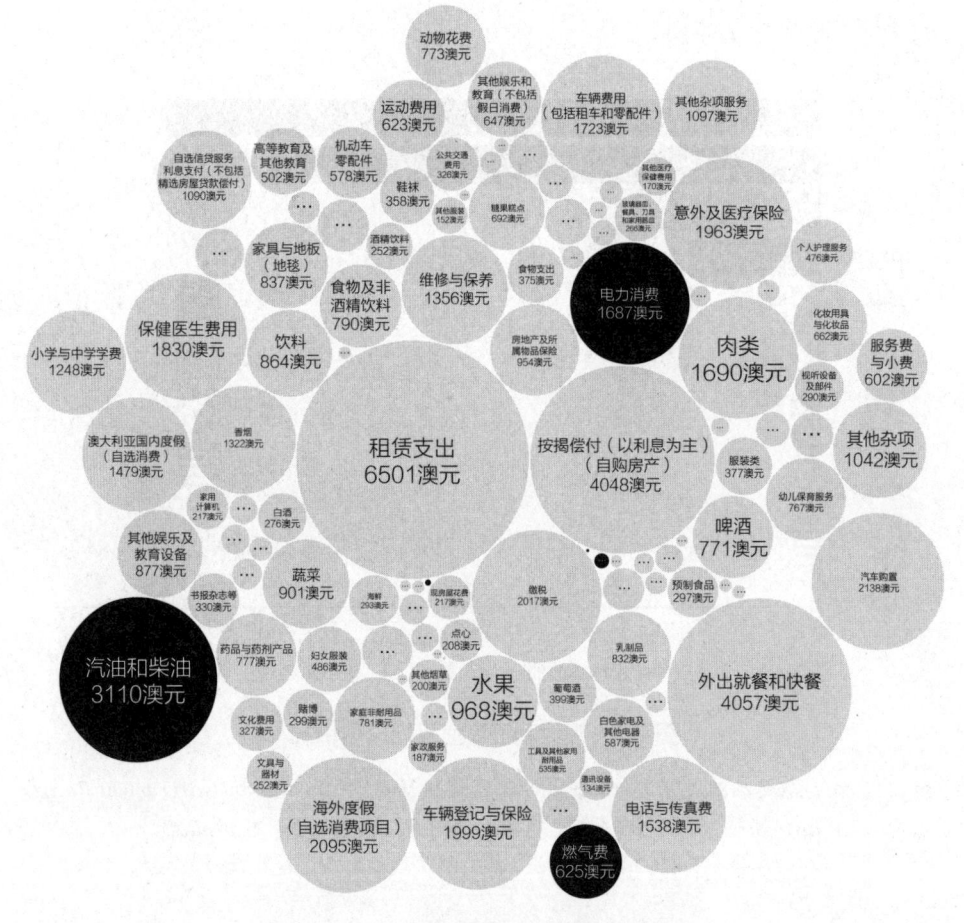

图 7.3　澳大利亚年度家庭开支中值情况

资料来源：2015~2016年澳大利亚统计局（ABS）《家庭支出调查》（*Household Expenditure Survey*），家庭支出中值。根据澳大利亚统计局2021年6月发布的消费者物价指数（CPI）进行调整。

5口人和3辆汽车时，他们的支出会很容易大幅超出这个数字，因此他们会说，"你的里程需要调整"。每年5000澳元可不是一笔小钱，对那些低收入（收入最低的20%）家庭更是一笔不可小视的支出；如果按能源支出占收入

（付给他们的薪资）的比例计算，他们的花费是社会收入前20%家庭的两倍（详见图7.4）。如果政府能出台措施，鼓励正确的公—私合营方式（ppp）和投资活动的话，在今后的3~5年时间里，因澳大利亚国内电气化可以节省可观的费用，这些成本实际上可以剔除掉。

这可能听上去有一点夸张，但实际情况就是如此。能源成本减少，维持家庭和开车的费用就会降低；此外，拥有汽车和家用电器的成本也会下降，如今你省下来的钱比花在汽油、燃气和用电上的总支出还多。

对澳大利亚人而言，在气候变化上采取行动的最大动因也许就是我们因此省下来的那些钱。我们有那么多阳光，而且与可再生能源有关的技术和设备价格大幅下降，这一切让应对气候变化的行动成为一项有利可图的事。

在本章的余下部分，我将深入分析我们目前是如何消耗能源的，以及伴随电气化的实施在能源消费方面会发生什么变化及其对家庭经济产生的影响。

普通家庭的能源消耗

一个普通澳大利亚家庭的能源消耗可分解为几大类：房屋采暖和制冷、水加热、烹饪、车辆和"其他"器具（多数都要用电）——包括冰箱、洗碗机、洗衣机、干燥器、计算机、电话充电器和割草机。现今家庭能源消费的大部分是为汽车添加燃料，这大约占一个普通家庭能源消耗的69%。房屋采暖是能源消耗的第二大项，占11%。其余的是水加热（占8%）、烹饪（占2%）。图7.5展示的是上述能源消耗量。

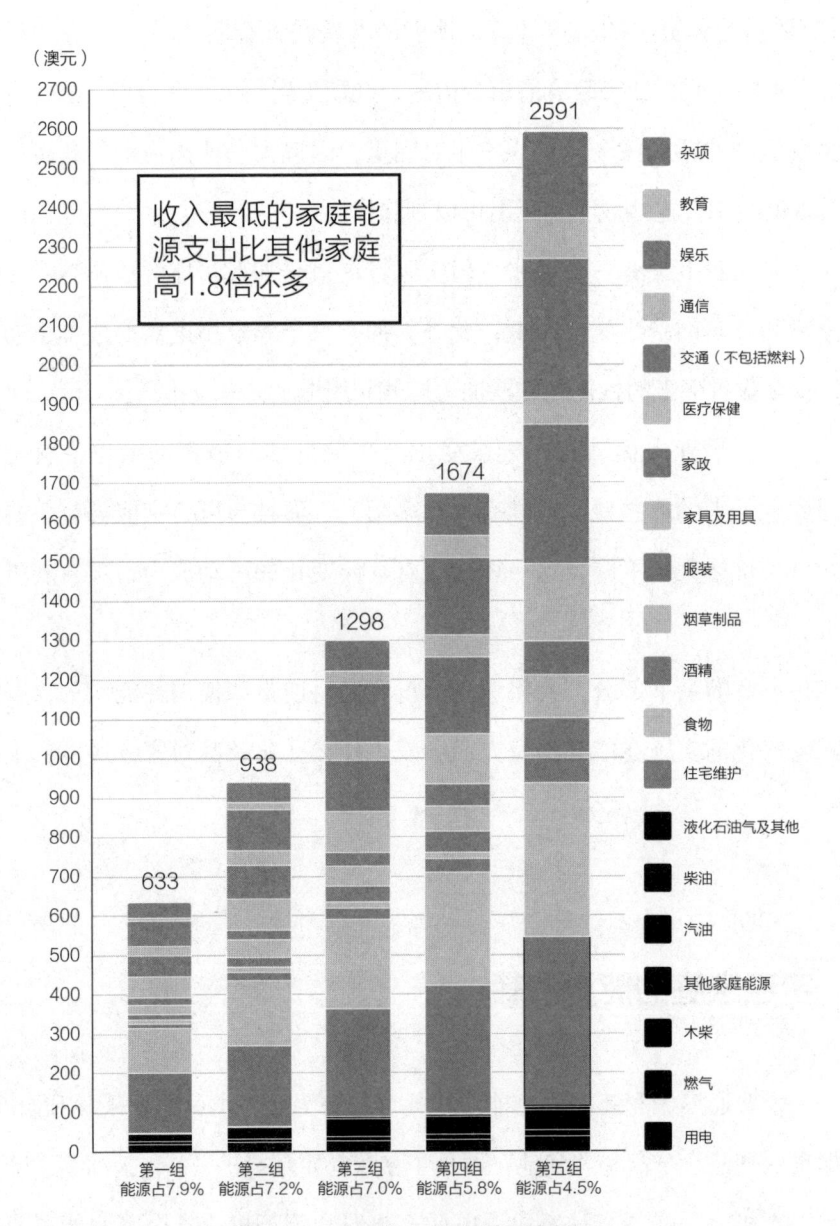

图 7.4　不同收入家庭的开支情况

资料来源：《澳大利亚电力改革》,《家庭支出调查》(ABS Household Expenditure Survey)、消费者物价指数（ABSCPL）。

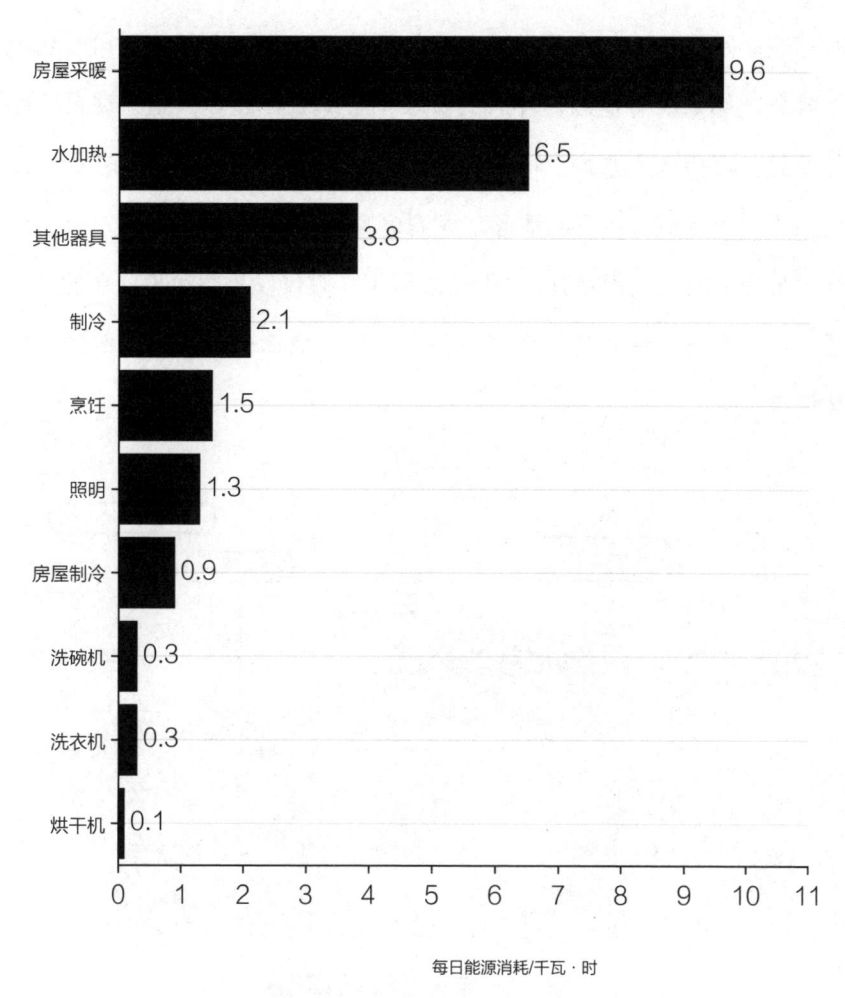

器具	每日能源消耗/千瓦·时
房屋采暖	9.6
水加热	6.5
其他器具	3.8
制冷	2.1
烹饪	1.5
照明	1.3
房屋制冷	0.9
洗碗机	0.3
洗衣机	0.3
烘干机	0.1

图7.5　普通家庭器具能源消耗情况（不包括车辆）

资料来源：《澳大利亚电力改革》。

电气化我们的住宅

关于气候变化，我们听到的多是要让我们做出某些牺牲：少开车、缩短淋浴时间等。也许我们为自己描绘了这样的一幅图景，因为我们生来就担心那些必定要失去的东西，也可能是那些经营化石燃料的公司成功地说服了我们，如果没有他们，今后的日子不会那么好过。但是，现在已经很清楚的是，对所有人来说，电气化的未来将是一个更加丰富多彩和惬意的时代。相较于有些人想象的情形，我们更容易憧憬一种沐浴在"气候保护、省钱"荣光下的电气化家庭，如图7.6所示。它仅仅是替换了现在的燃气热水器和燃油汽车等使用化石燃料的设备而已，取而代之的是现代的高效电气化设备。

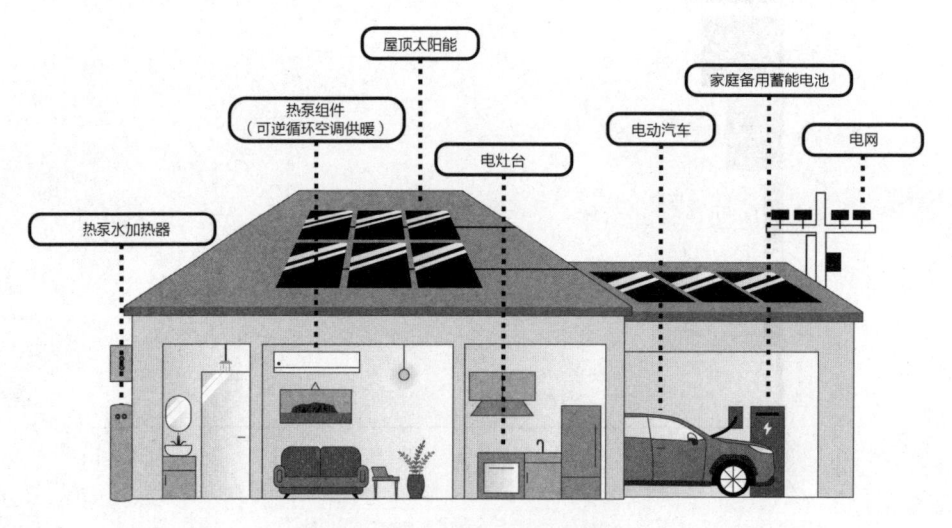

图 7.6 电气化家庭示意图

通过在屋顶安装太阳能电池板（大约30%的澳大利亚人已经安装）并利用安装在车库里的蓄电池来储存这种廉价电能，就可以充分利用澳大利亚丰富的太阳光资源。相对于那些使用化石燃料的设施，现代的电气化设施能显著提高效率，因此电气化家庭不仅可以降低排放，还能显著减少能源消耗，在能源上的花销也相应降低了。图7.7显示了普通传统家庭和完全电气化家庭在能源消耗上的差别。

我希望这种差异会让你感到震惊，我自己就有这种感觉。在最终能源

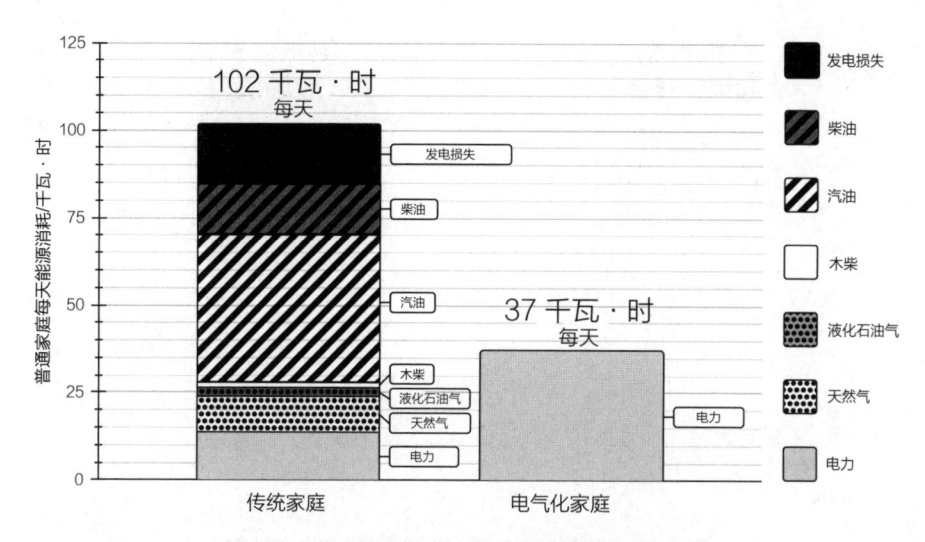

图 7.7　传统家庭与电气化家庭能源消耗比较

消耗方面，如果用传统家庭和利用可再生能源实现电气化的家庭进行对比就会发现，电气化提高了能源利用效率，其带来的好处显而易见。相对于使用化石燃料，在同等便利性、面（容）积、温暖程度和车辆使用的情况下，让普通澳大利亚家庭实现电气化可以减少超过一半的能源总消耗量。即从今天的每天 102 千瓦·时，降至明天的每天 37 千瓦·时，见图 7.8。这是一项巨大成就，如果你读过第五章就不应该感到惊讶。此外，如果我们将自己那个密封不太好的房子封好，把墙面、天花板和窗户封严，费用还会进一步降低。在这种情况下，要获得相同的舒适感仅耗费一半的能源，大部分排放一夜之间就不见了，每周的费用也会降低。当然，我们还能享受诸多其他好处，如更安全的室内空气质量、不必每周去光顾加油站、一个蓄能电池就能应对停电带来的不便等。

这听起来太美妙了，让人觉得有违直觉，简直不敢相信，但请记住第五章关于电气化的内容：电动汽车消耗的能源大约是化石燃料车的三分之一。电采暖同样节约能源，电炊具亦然。另外一个看不见的好处就是，我

传统家庭能源消耗

- 发电损失 16.9
- 房屋采暖 9.6
- 房屋制冷 0.9
- 水加热 6.5
- 烹饪 1.5
- 其他器具 7.9
- 车用燃料 58.6

合计：102 千瓦·时/天

电气化家庭能源消耗

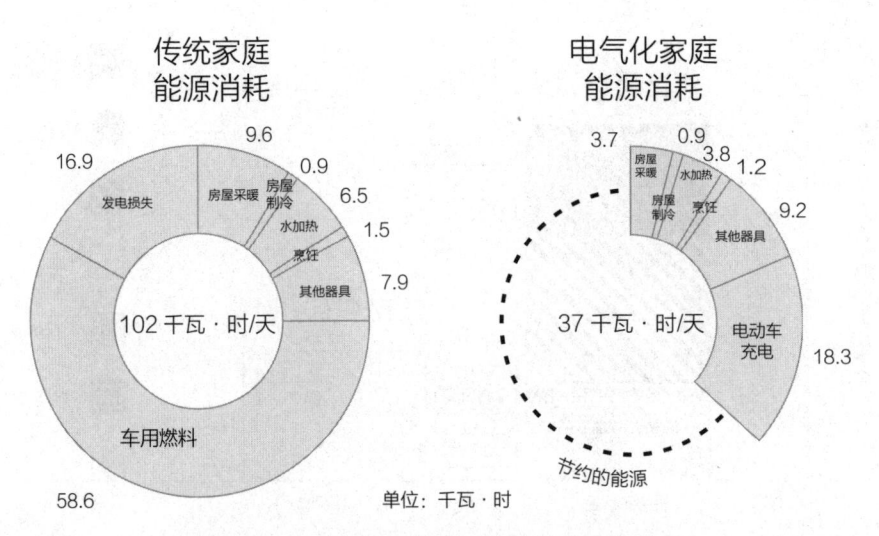

- 房屋采暖 3.7
- 房屋制冷 0.9
- 水加热 3.8
- 烹饪 1.2
- 其他器具 9.2
- 电动车充电 18.3

合计：37 千瓦·时/天

（虚线部分：节约的能源）

单位：千瓦·时

图 7.8 传统家庭与电气化家庭能源消耗比较

资料来源：《澳大利亚电力改革》。

们不需要面对那些利用煤炭和天然气发电时产生的无效能量了。可再生能源让我们实现了华丽转身。

正如我们看到的那样，现今我们的家庭能源消耗主要来自四个方面：车辆、房屋采暖、水加热和烹饪。让我们深入分析一下在实现家庭电气化之后，这四个方面都会发生哪些变化。我们会发现自己能省下一些钱、来自能源的零排放、更加健康的生活环境和一个更舒适的未来。

电气化我们的车库

降低驾驶成本应该是实施车库电气化的一项重要成果。与传统汽车相比，驾驶电动汽车的费用只有一半，甚至只有十分之一。电动汽车来势迅猛，2022 年澳大利亚将有 20 多种新型电动汽车上市，其价格也在迅速下降。据彭博社预计，到2026年，电动汽车的价格将与传统汽车持平。也就是说，一辆电动SUV的价格将与一辆汽油SUV相同。[29] 到2030年，电动汽车的价格预计会降到同等型号汽油车的80%左右。显然，从经济角度考虑，用不了多长时间，购买电动汽车将是一项远胜于燃油车的选项。不仅电动汽车驾驶起来成本低，而且保养也便宜，相对于一个每分钟需要爆炸数千次、处于高温振动状态的内燃机来说，电动汽车需要的维修次数要少得多。

但是，让我们不要错过有趣的部分。是的，这对你的钱包是一次胜利；是的，这是节能和气候变化的一次胜利——但它也是舒适感的一次胜利、一次娱乐的胜利，就像拥有特斯拉（Tesla）的任何一个人会告诉你的那样。在炎热的夏天，在你离家上班前的10分钟，你可以设定你的汽车开启空调；在寒冷的日子，你可以做相反的事情让你的车子温暖起来，让你进入车里时享受暖烘烘的时刻。在空间狭窄的停车场，在停车之前，你可以先下车，然后告诉"它"（你手机电话上的一款应用软件）把车停到你的停车位——并且在你要外出时让"它"把车开出来。最新上市的里维安（Rivian）旅行皮卡（Rivian ute）的各项功能和几乎所有的功能都用上了微软的演示软件"powerpoint"，因此你可以将它连接到自己的笔记本电脑上。你可以用它野营探险，为你所需的任何事提供动力，车内的一台内置空气压缩机能给你的冲浪浮板、自行车轮胎或橡皮艇充气。

在把能量转变成动能时，电动汽车的效率比一般车辆约高三倍半多，因此这就开启了重大的节能工程。即便用现有电网给电动汽车充电，基本上也能节省一半左右的燃料成本，如果我们用屋顶太阳能电池给电动汽车充电，如图7.9所示，所需的费用大约仅为十分之一。

大转折

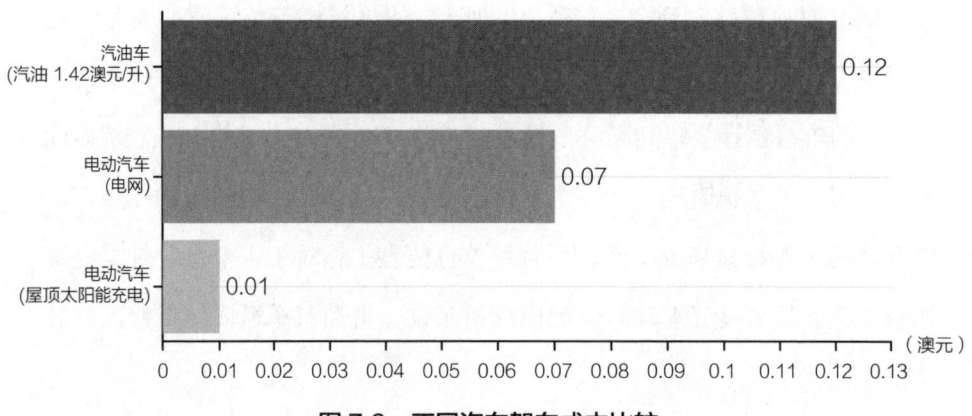

车型	成本(澳元)
汽油车(汽油1.42澳元/升)	0.12
电动汽车(电网)	0.07
电动汽车(屋顶太阳能充电)	0.01

图 7.9　不同汽车驾车成本比较

资料来源:《澳大利亚电力改革》,以汽油价格 1.42 澳元 / 升计算。

电气化我们的客厅

在住宅里,还有更多的节能潜力需要去挖掘。对于普通的澳大利亚家庭,给起居室、卧室等房间供暖是第二大能源消耗项,占总能源消耗的 11%(如果排除了车用燃料,则占家用电器能耗的 37%)。与电热泵相比,常规的燃气供暖、木柴供暖和电阻型加热棒的采暖效率要低得多,简直令人难以置信。请记住,热泵只不过是你家墙上空调机的一个逆向循环装置而已。房屋采暖的电气化要比那些现代化的空调发挥的作用更大,从而能让我们把家里的温度调节到最舒适的状态。这类空调大多数是自动的,其中许多能进行设定,外出时关闭,回家前开启。

图 7.10 展示了燃气供暖、使用当前电网电力的热泵和使用太阳能发电的热泵三者间运行成本的差别。对太阳能来说,我还特意增加了几组数据柱,以说明如果我们需要将太阳能发电储存在蓄能电池中以备晚上使用的

情况。在储存太阳能所发电量的 50% 以供夜间使用的情况下，其成本刚刚超出现行电网电价的成本，但仍然比燃气供暖便宜很多。预计蓄能电池价格在 2025 年之前还会下降，使用太阳能发电并加蓄能电池的热泵供暖成本会进一步下降。

每日建筑物采暖成本比较——普通家庭

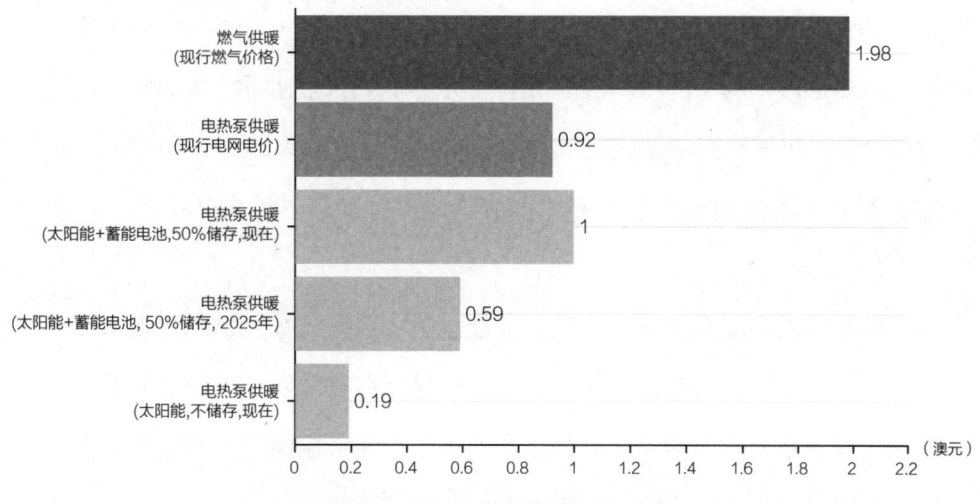

供暖方式	成本（澳元）
燃气供暖（现行燃气价格）	1.98
电热泵供暖（现行电网电价）	0.92
电热泵供暖（太阳能+蓄能电池,50%储存,现在）	1
电热泵供暖（太阳能+蓄能电池,50%储存,2025年）	0.59
电热泵供暖（太阳能,不储存,现在）	0.19

图 7.10　不同供暖方式的成本对比

资料来源：《澳大利亚电力改革》。

在温度表的另一侧——大多数澳大利亚人非常熟悉的炎热天气——我们有房屋降温设施（或者空调和风扇）。一般来讲，在澳大利亚为室内降温所需要的能源显著少于给房屋供热所需的能源。这表明，位于昆士兰和北部的澳大利亚气候炎热地区的家庭平均耗能明显要少。相对来说，现行的室内供冷差不多全都用电，而且效率也已经很高了。因此，只要这些用电来自可再生能源、只要空调系统在使用电气化家庭的更廉价太阳能电力中仍能享受低成本的情况下，我们就可以让这些设施在电气化世界里保持现状。

淋浴电气化

未来不会倡导人们缩短淋浴时间，相反，我们正考虑将水的加热成本至少减半，而且很可能降到现行成本的十分之一。水加热是普通澳大利亚家庭中第三大能源消耗项，占总能源消耗的8%（如果不算车辆的话是24%）。澳大利亚有许多燃气热水器，约占现有热水器的45%。另外有45%是电加热型热水器，剩下的10%是太阳能热水器和热泵热水器。按照现行电网电价计算，采用热泵对水进行加热的成本大概是采用天然气热水器的一半；如果安装了太阳能电池板，则成本会降到燃气加热方式的十分之一，如图7.11所示。

热水器的好处在于其本身就是蓄能电池，当阳光灿烂、风力强劲的时候，正是给水加热的良好时机。为适应能量储存以及需求响应的需要，热水器（以及室内取暖器）的使用将大幅增长。在太阳能发电在电网中占比很高的情况下，这将是我们平衡电网负荷的秘密武器之一。

一次奢侈淋浴的成本——澳大利亚平均水平

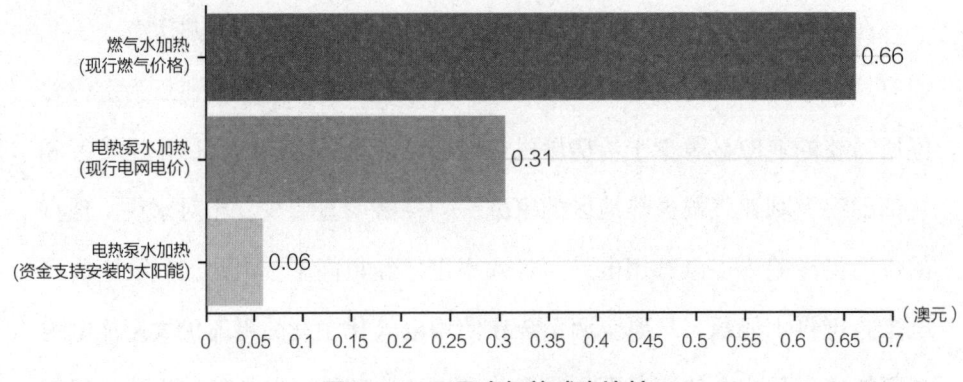

类型	成本（澳元）
燃气水加热（现行燃气价格）	0.66
电热泵水加热（现行电网电价）	0.31
电热泵水加热（资金支持安装的太阳能）	0.06

图7.11　不同水加热成本比较

资料来源：《澳大利亚电力改革》，基于3.93千瓦·时用电量、热泵特性系数（COP）3.78。

烹饪电气化

在澳大利亚的普通家庭，烹饪用能约占总能源消耗的 2%（如不包括车辆则占 6%）。利用电能进行烹饪的效率至少是燃气烹饪的两倍，也就是说这种方式更节能、成本更低、减排效果更好。在这方面，也许最大的障碍是心理因素，因为在很多人的印象中燃气烹饪的科技含量更高。目前，我们应该直接越过那些为燃气烹饪造势的燃气公司，转而把注意力集中到技术上实实在在的方式上来。[30] 现代感应式灶台与过去的电炉台截然不同——由于能把热量直接传送到锅里（不限于一个方向），因此这种灶台能更好地控制和分配热量，而且也更易于清洁。

对呼吸健康的影响是一个更值得关注的话题：有证据表明，燃气烹饪对室内空气造成的污染会高出 2~5 倍。[31] 气候变化委员会（the Climate Council）在最新的一份报告中援引了多项有关燃气烹饪对呼吸健康影响的研究成果，强调这种风险相当于孩子在家里被动吸烟的危害。[32]

燃气公司希望你喜欢燃气灶，这样就可以向你出售燃气并从中赚钱。燃气在燃烧时会发出清洁、蓝色的火焰、再加上燃气烹饪的优越性已深入人心，于是燃气公司在此基础上售卖其产品。随着更多人使用现代化的电磁烹饪器具，见识了它的快捷和更易清洁的优点，因此关于燃气烹饪的上述两种观念不攻自破，于是我们就能在这场狡猾的"文化战争"中展开反击了。如图 7.12 所示，在使用现有电网供电进行烹饪时，使用电磁炉大约便宜 25%，使用屋顶太阳能供电时大约便宜 6 倍。使用蓄能电池储存的太阳能电力并在晚间使用时，其成本在二者之间。烹饪电气化不仅让我们的钱包和气候受益匪浅，而且也将惠及我们的家庭健康。

日常灶台烹饪成本比较——普通家庭

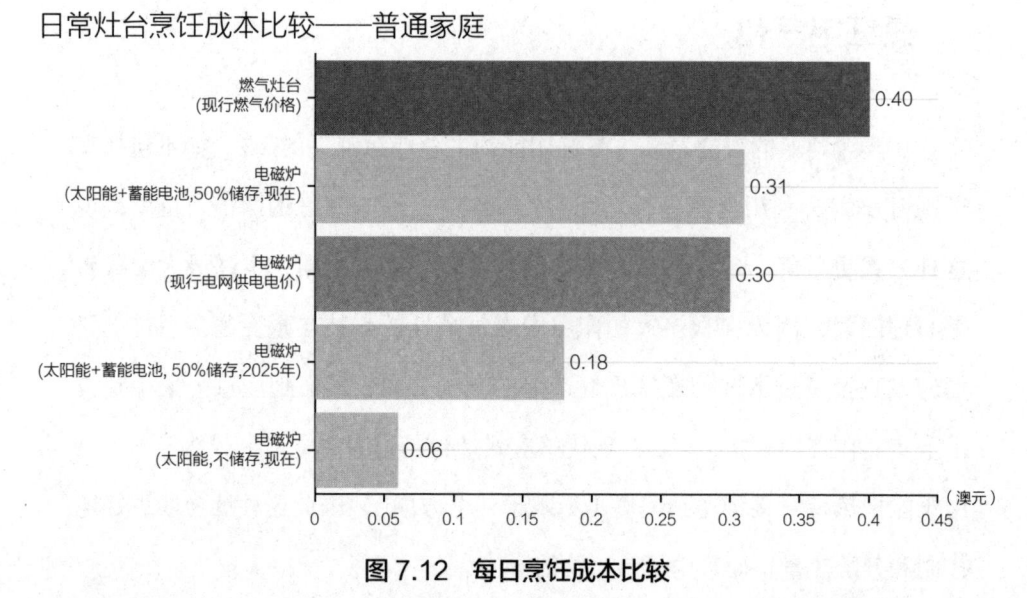

类别	成本（澳元）
燃气灶台（现行燃气价格）	0.40
电磁炉（太阳能+蓄能电池, 50%储存, 现在）	0.31
电磁炉（现行电网供电电价）	0.30
电磁炉（太阳能+蓄能电池, 50%储存, 2025年）	0.18
电磁炉（太阳能, 不储存, 现在）	0.06

图 7.12　每日烹饪成本比较

资料来源：《澳大利亚电力改革》，基于 0.80 千瓦·时的基本烹饪用电需求。

屋顶电气化

在住宅顶部安装太阳能发电装置方面，澳大利亚正在引领世界，每天有 300 多万个家庭享受着这种免费能源。鉴于太阳能装置在整个寿命期的成本远低于电网的电力，屋顶太阳能在经济上的意义已经显现。由于我们要使车辆、采暖和烹饪电气化，所以这种住宅将很可能安装更大更多的太阳能发电系统。电网正在做出回应，声称自己无法处理这部分电力。如果电网不能处理，我们可以安装更多蓄能电池，实施高效的需求响应，并通过良好的工程技术手段使之运转起来。然而，这并不是他们在过去的 50 年里慢吞吞地一直在做的事，那么好了：即便是大电网和配电网也要适应未来的发展。澳大利亚居民在配电网上一般都有一定权利（通常州政府都至少拥有部分股份），因此我们有权让电网为自己工作而不是损害我们的利益，这其中就包括出台一项中立政策以确保你在马奇（Mudgee）的太阳能发电装置在发电和储存电力方面享受与猎人山谷（the Hunter Valley）发电厂相同的待遇。

住宅边的电气化

家用蓄能电池是实现未来电气化的一个关键部分。充分利用澳大利亚丰富的阳光资源意味着我们要利用中午时分尽可能多的发电，并把这些电储存起来，在适宜的时间加以利用。如果在住宅安装大型太阳能电池板，相应的电价会快速下降。今天，从显而易见的经济角度出发，是否安装蓄能电池正接近一个抉择的临界点。

如果 2021 年你在澳大利亚购买一个住宅用蓄能电池，其储存电量的成本是每千瓦·时 1000 澳元（也许更多）。我在第四章提到过这一点，但我在此还是要再次强调一下。福特公司发布了将在 2022 上市的 F150 型电动皮卡，预计改型皮卡会配备一个容量超过 100 千瓦·时的蓄能电池，起售价不高于 40,000 美元。这种电池的价格仅是现在电池价格的一半，这相当于"给你一辆免费皮卡"！蓄能电池的价格正在迅速下降，这将有助于推动家庭电气化走向繁荣。在蓄能电池价格逐渐减半的情况下，用于购买大型太阳能装置并安装蓄能电池的资金将比一般的能源账单少得多。遇到停电或灾害的情况下，你也能维持家里的正常运转。未来的电气化意味着你不

仅可以用上便宜的电，而且还会让家庭享受额外的安全保障。

在 2022 年，电动汽车看来仍然是一件奢侈品，这场文化战争的参与者想以此为噱头，但随着汽车和家里的蓄能电池越来越便宜，零排放支持者会笑到最后。

让其他物品实现电气化

当然，家里还有许多其他物品也在消耗能源。让我们感到幸运的是，这些物品中的大多数已经实现了电气化，这就意味着，在利用屋顶太阳能供电的电气化家庭里，它们的运行成本更低，我们将从中收益。我们可以利用便宜的屋顶太阳能电力给笔记本电脑和手机充电并降低冰箱、照明、洗衣机和电视的运转成本。

其他的一些家用器具也在使用矿物燃料，例如露天烧烤架、割草机、吹叶机和天然气泳池加热器。虽然它们对气候变化的影响可能很小，但也会从电气化过程中获益，而且可能很快会被其电动版所替代。我们不必为烧烤架更换储气瓶、不用给割草机的油箱加满汽油了，这些对气候变化来说虽是小胜，但对那些做家务的人来说或许是大胜。

节省郊外住宅的开支

让我们看一下电气化对普通家庭的收支意味着什么，对整个澳大利亚意味着什么。

假设你在2022年更换家里的所有设备，对这些设备你将在不同时间进行置办，所以相关费用将被分配到许多年。我们可以把问题简化一下，假设你在2022年将暖气、热水器、炉灶和汽车（可能是多辆）等设备全部换掉。你可以更换同类设备（用燃气热水器更换另一个燃气热水器），或者可以用零排放的电气化选项来替换。图7.13显示，在2022年普通家庭将要多花5550澳元来购买电气化的家用电器，包括新电动汽车、屋顶太阳能和家用蓄能电池。这就是这种更换所带来的成本差异。值得注意的是，现在的能源成本会在一夜之间下降，但是这些额外成本是购买这些新电气化设备的资本性支出。到2024年，我们差不多能实现收支平衡，而购买这些硬件的支出仅会每年增加能源总成本456澳元左右。这仅是为拯救地球而做的一点儿牺牲。到2025年，这些数字就会逆转，变得有利于电气化：家庭电气化成为更便宜的选项，能为普通家庭每年节省超过1000澳元。从这时起，你实施的那些有助于气候变化的行动就成了省钱的最好方法。而且，事情只会变得更好，随着节省的资金不断增加，这意味着到2030年每个澳大利亚普通家庭节省的资金将超过5000澳元。

你可能会问，几年之后才会有更多资金节省下来，我们为什么现在就开始呢？这是一个很好的问题。简单的答案就是，若想在后期拿到那些节省的资金，就要有第一批人先行动起来。如果今天没人买，价格永远不会降下来。要想拿到省下来的这些钱，就需要生产出比今天更多的太阳能电池板和蓄能电池，在此基础上我们就能算出怎样让这些设备便宜下来、怎

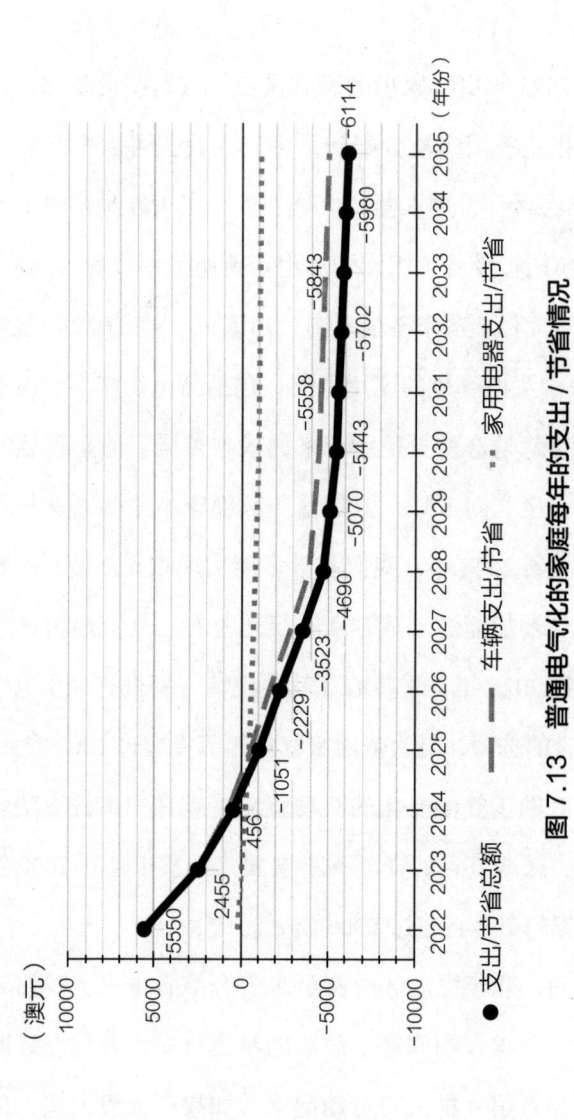

图 7.13 普通电气化的家庭每年的支出/节省情况

样提高生产规模。我们现在就要为这些准备电气化的家庭安装设备，以便在全澳大利亚范围内大规模铺开。从现在起我们就要开始工作，以便在2025年之前让澳大利亚普通家庭从容实施电气化。着眼未来，通过激励政策和示范项目来降低普通人以后在这方面的投资成本，这才是政府的传统角色。

  图7.14显示了澳大利亚电气化过程中的支出和节省情况。如果我们今天就着手实施家庭电气化，就能搞清楚怎样才能高效办好这件事。一开始，我们可以每年从小比例开始，然后逐渐提高比例直至澳大利亚的全部家庭。2022年，我们大约有3%的家庭实现电气化，2024年达到15%，2026年为40%、2030年将全部实现电气化。实现这一目标需要大约120亿澳元的投入，到2035年将可节省家庭开支约3020亿澳元。考虑到能大幅度减少排放，这项投资太好了，简直不可思议。就此而言，这个投资数目大致仅相当于过去两个财政年度我们为应对新冠肺炎疫情而计划支出的9%，或者是这两年我们军费开支的18%。很明显，家庭电气化对澳大利亚而言就是一场胜利。

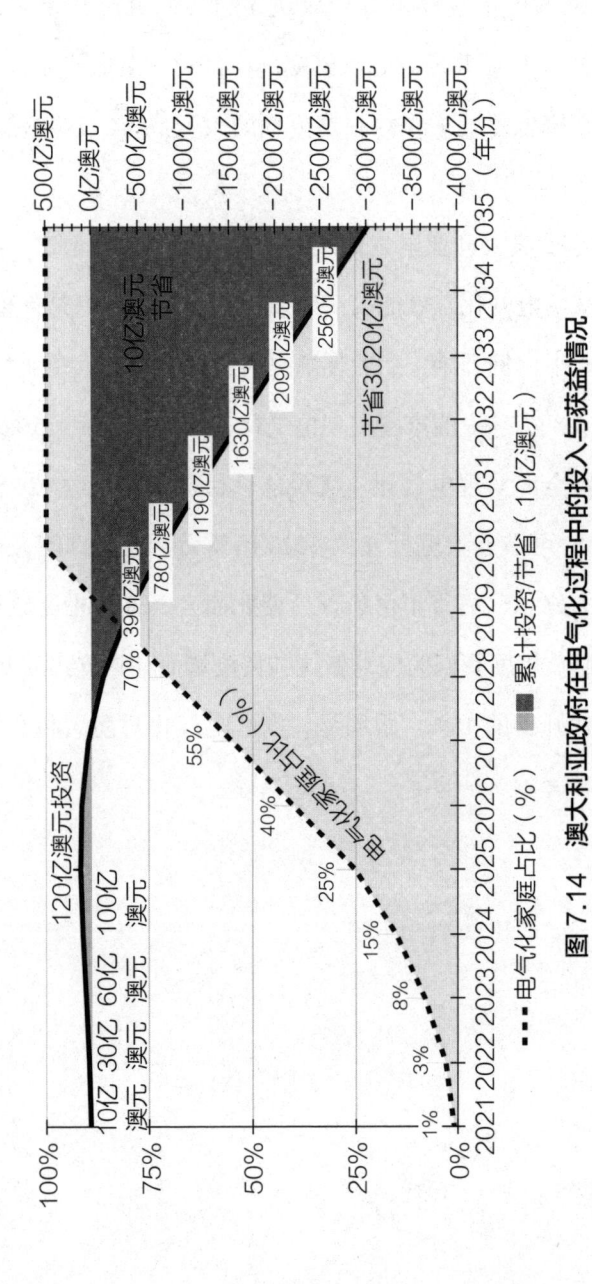

图 7.14 澳大利亚政府在电气化过程中的投入与获益情况

资料来源：《澳大利亚电力改革》。

第八章
被碾压的矿石——出口型经济

- 众所周知，澳大利亚每年出口大量化石燃料，只为了那点比想象的要少得多的利润。
- 如果我们开始使用后院中丰富的可再生能源来增加澳大利亚出口产品的价值，出口行业的前景看起来要光明得多。
- 澳大利亚盛产世界所需进行能源转型的各种资源，为了自己的利益和地球的命运，我们应该在提升产能上进行大规模投资。

澳大利亚是一个严重依赖出口的国家，大多数出口产品是从广袤大地里挖掘出来的矿石或其他原料。澳大利亚的出口远大于进口，贸易实现了顺差，这在某种程度上让我们拥有了高品质的生活。目前，澳大利亚出口商品的排放也在全部排放中占有相当大的比重（正如第二章讨论的那样）。无论我们是否将这些排放"算在"我们自己头上，它们归根结底是从我们的国土里挖掘出来的矿石，燃烧后变成了破坏全世界生态系统的二氧化碳。

我们出口的化石燃料被一些人用来反对气候行动，反对的原因是我们赚到的钱。在本章，我将说明这些出口排放不仅不必要，而且还要指出出口不同的碎矿石将为澳大利亚的经济赚更多的钱。我还打算构建一个基本观点，说明为什么我们国内丰富的零碳排放可再生能源电力可以被用来增加碎矿石的附加值。途径是用这些电将矿石冶炼成五金和合金材料，甚至进一步将它们加工成最终产品。曾几何时，澳大利亚曾制造过汽车。请记住，世界上其他地方并没有我们这么丰富的可再生能源资源和低人口密度，他们将急于从澳大利亚进口低碳五金材料、化肥、农产品，甚至电力和合成燃料（包括燃料氢）。

肮脏的小秘密：澳大利亚化石燃料出口

澳大利亚的出口商品中大部分是从土地中挖掘出来的东西：75%的出口商品是矿产和五金制品，而绝大多数"矿产"是化石燃料。2019年，32%的出口商品是化石燃料。第二大出口商品类别是农产品，主要是肉类、羊毛、葡萄酒和小麦。澳大利亚出口商品明细参见第139页，进口则完全是另一番景象参见第140页。最大的两项进口商品是石油（成品油及原油）和轿车。

澳大利亚一直有这样的理念：出口化石燃料对我们国家的好处不容置疑。它们创造就业、产生效益。但是，如果我们认为出口很重要，在审视我们该做些什么之前，我们还是看一看那肮脏的出口秘密吧。

化石燃料是澳大利亚最大的出口商品之一，但这只是账本的一面——我们也进口为汽车提供燃料所需的绝大部分汽油和柴油。我们出口煤和天然气，进口原油制品。当我们开始将这些化石燃料相关的出口商品和进口商品相互抵销时，情况就变得有意思了。澳大利亚每年出口价值约为1300亿澳元的化石燃料（自2019年以来的数字），主要是煤和液化天然气，进口价值约为400亿澳元的石油和石油产品。表面上看，这可能还说得过去（至少在经济层面上），但是当我们出口某种商品时，我们必须支付其所有生产成本——开采、运输、炼制等。因此，我们的出口所得是减去生产成本后的利润；但对进口商品来说，我们支付全部进口价格，承担他人的生产成本。如果我们估算一下澳大利亚化石燃料出口的边际利润，数额约为360亿澳元，见图8.1。换句话说，澳大利亚每年开采并出口全部化石燃料挣的钱，勉强甚至不能覆盖进口为汽车提供动力的汽油和柴油的费用。如果我们还记得80%经营这些出口商品的大型采矿综合企业为外国拥有，那

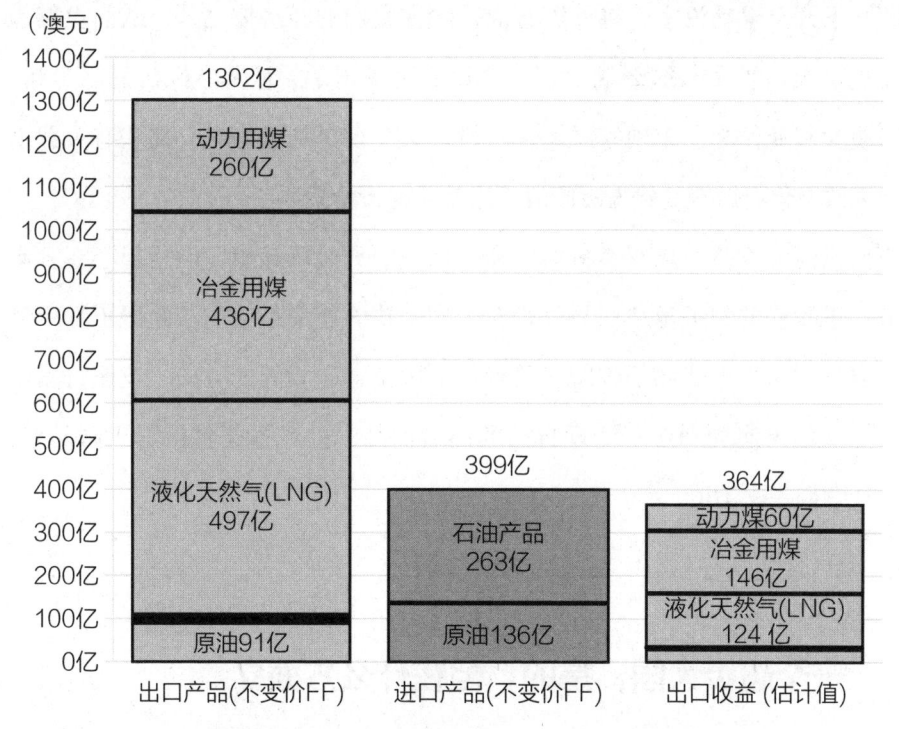

（澳元）

出口产品(不变价FF)	进口产品(不变价FF)	出口收益(估计值)
1302亿	399亿	364亿
动力用煤 260亿	石油产品 263亿	动力煤60亿
冶金用煤 436亿		冶金用煤 146亿
液化天然气(LNG) 497亿		液化天然气(LNG) 124亿
原油91亿	原油136亿	

图8.1 澳大利亚化石燃料的进口和出口（2018~2019年）

资料来源：工业部2021年6月再生能源输出（REQ）和《澳大利亚电力改革》。

么，我们实际上只能拿到这些出口商品利润的一小部分，如此，情况就更加不容乐观。从化石燃料贸易的净平衡上看，这个行业看来在损失国家的钱。不错，它确实创造工作岗位，但数目并不那么大。不错，它可能为煤炭出口公司带来利润，但是我们都会为不推进可再生能源、电动汽车和气候变化解决方案而付出代价。

如果我们的车辆是电动的并由澳大利亚屋顶太阳能提供电力，我们就不需要进口车用燃料或出口化石燃料来抵销进口车用燃料的成本。保护这些化石燃料产业经常以经济保守主义的面目呈现出来，但这种说法经不起推敲：这显然不是澳大利亚经济上青睐的景象。人们认为电动汽车有点"女里女气"或不适合周末出行，没有澳大利亚范儿。然而，在澳大利亚的阳光下开上电动汽车，将外国石油排除在我们的经济体之外，从而更好地实现进出口平衡，那么就没有什么比这更爱国了。从基本经济意义上讲，当澳大利亚作为一个国家脱离化石燃料会变得更加美好时，那些有关我们国家放弃化石燃料的耸人听闻的言论就显得十分荒唐。

或许你不关心化石燃料的贸易平衡或脱离使用煤炭，但是担心在零碳世界里我们的相关出口商品是否会受到阻挠。答案是会的。欧盟正在引领世界计划对高碳货物征收跨境关税。美国正转向相同的方向，亚洲将紧随其后。如果澳大利亚不清理自己的出口商品，世界各国将拒其于国门外，或让它们一文不值。

一个超级大国，是的，但在什么方面？

我很高兴看到"可再生能源超级大国"这一概念已成为流行用语。我

第八章 被碾压的矿石——出口型经济

祝贺我在"超越零排放"（Beyond Zero Emissions）的朋友艾唐·伦科（Eytan Lenko）和他的搭档在一份同名报告中引入了这一概念。"超级大国"意味着我们比平均水平强大得多，这是能够出口能源的基础，见图8.2、图8.3。但值得关注的问题是，这样的超级大国如何证明自己。传统的方法是出口某些看得见摸得着的商品，如化石燃料，而正是这个熟悉的模式让很多人想到怎样出口氢。但是，成为超级大国的另一种方式可以是直接出口电力。最终，人们还必须考虑以载能——包含在出口产品中的能源——的方式出口能源。

富饶

澳大利亚的腹地有着悠久和丰富的地质历史，几乎拥有地球各个历史时期的各种类型的岩石。从仅仅几千年以前火山活动形成的岩石，到矿龄超过30亿年的岩石，澳大利亚的矿石种类应有尽有。表8.1显示澳大利亚资源的分类情况：黄金、铁矿石、铅、镍、铀、金红石、锌、锆石和钽的储量世界第一；铝矾土（铝）、钴、铜、钛铁矿、锂、钨和钒的储量世界第二；银和铌的储量世界第三；锑、锰、锡、钻石、石墨和稀土元素的储量与其他国家相比也相差不多。澳大利亚拥有丰富资源，这是未来世界实现"去碳"所需的。

表8.1 澳大利亚内陆资源及其世界排名

商品	排名	份额比/%
黄金	1	21
铁矿石	1	30

续表

商品	排名	份额比/%
铅	1	41
镍	1	24
金红石（钛）	1	65
铀	1	31
锌	1	27
锆石	1	72
钽	1	73
铝矾土	2	18
钴	2	19
铜	2	11
钛铁矿	2	24
锂	2	29
钨	2	11
钒	2	25
银	3	16
铌	3	2
锑	4	7
锰	4	14
锡	4	11
菱镁矿	6	3
稀土元素	6	4
石墨	7	3
钼	7	1
磷酸盐	9	2

来源：《澳大利亚地球科学》（Geoscience Australia）。

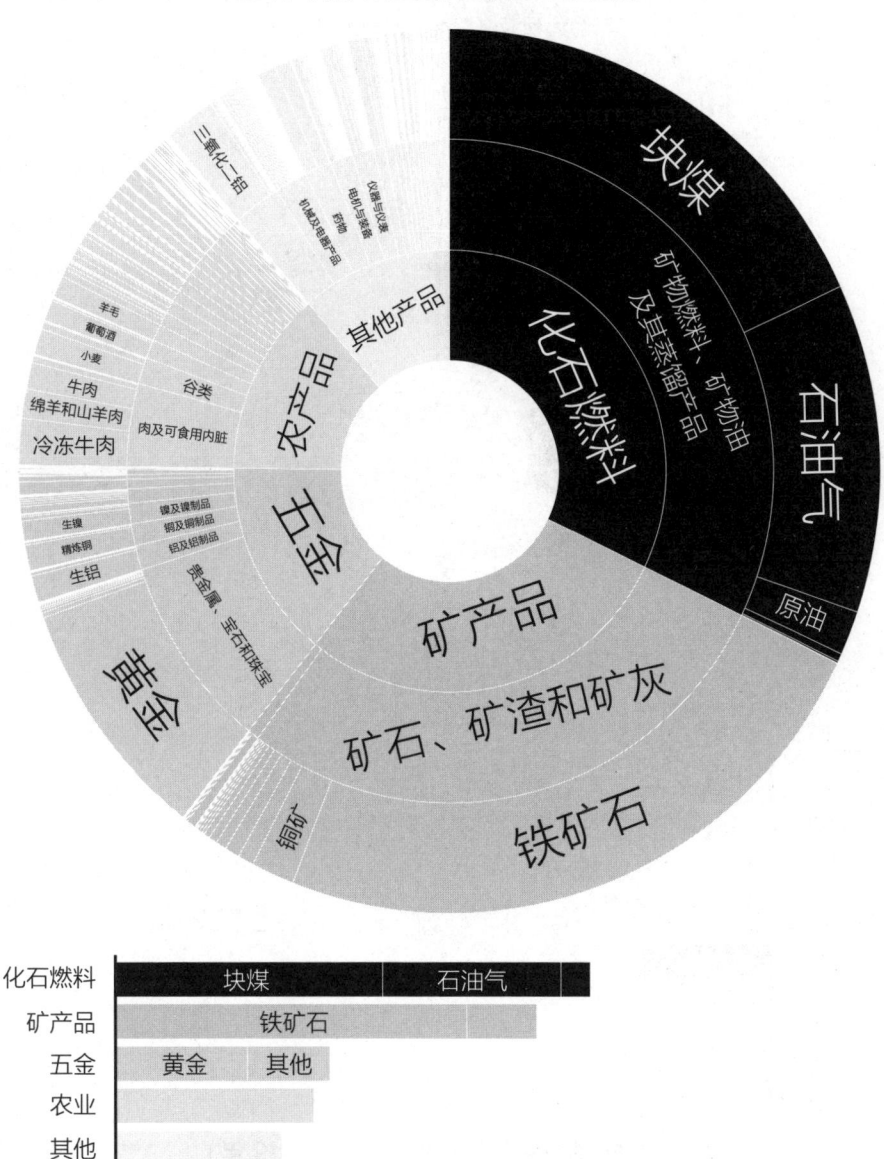

图 8.2 澳大利亚出口商品一览（2019 年）

资料来源：《经济复杂度瞭望台》（*Observatory of Economic Complexity*）。

2019年澳大利亚进口商品2090亿美元

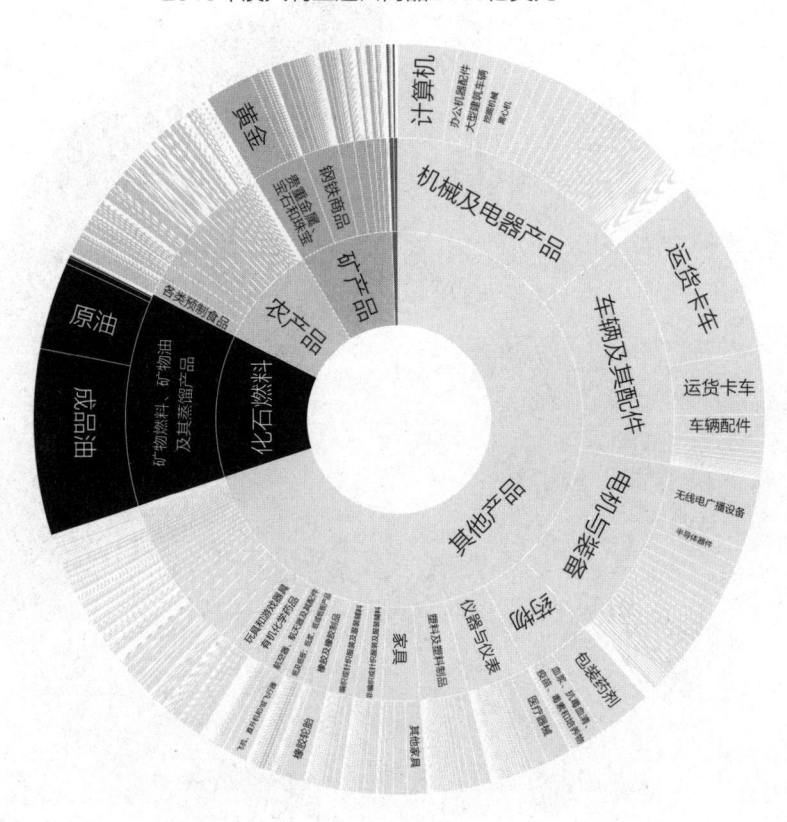

图 8.3　澳大利亚进口商品一览（2019年）

资料来源：《经济复杂度瞭望台》。

成为精加工产品的出口国

过去十年，澳大利亚最盈利的出口产品是铁矿石，其中84.2%到了中国、6.8%到了日本、6%到了韩国，其余到了其他国家和地区。我们还出口大量其他矿石，如铜矿石、锌矿石、铝矾土等。

铁矿石的最终产品基本上是钢，把矿石变成钢非常耗能：能源成本占全部炼钢成本的20%~40%。[33] 我的第一份产业工作是在纽卡斯尔（Newcastle）轧钢厂，因而我对此印象深刻。大量能源用在了炼钢并将其轧制成铁轨和钢筋等最终产品上。我最好的朋友在同一家工厂的高炉车间工作，观看钢水奔腾而出总是我们一周里最兴奋的时刻。

目前，澳大利亚所开采的铁矿石约89%用于出口，仅有一小部分在国内被炼成钢。我们是否应该出口如此多未经冶炼的铁矿石，或者是否可以以其他形式出口铁矿石，从而为澳大利亚创造一个更加富足殷实的未来，这些问题值得我们深思。打个比方，澳大利亚通过出口面粉挣了很多钱，其他国家用这些面粉做面包——然后他们用比面粉价格高得多的价格将面包售出。在出售五金矿产之前，澳大利亚可以先对它们进行"烹制"，然后卖出一个好价钱。铁矿石售价约为每吨100澳元，钢的售价就约为每吨1000澳元。这些数字能够极大地显著改变世界经济，但到头来制成品总能卖出高价钱。如果其他国家有能力购买我们的铁矿石并用船把它们运回国，然后消耗比澳大利亚贵得多的能源将其炼成钢，那么我们就可以改变以往做法，在这里用廉价的可再生能源炼钢并就地销售。

在图8.4中，我们来研究一下当今澳大利亚的铁矿石工业，并把它与我们作为一个可再生能源超级大国可做的事情进行比较。目前，我们每年从地底下开采出9.17亿吨铁矿石，出口其中的8.18亿吨，年收入大约为780

亿澳元。我们用 1000 万吨左右的铁矿石在国内炼成大约 550 万吨钢，这些钢的 80% 用于建筑工程。我们每年出口 120 万吨钢，这几乎微不足道。作为一个思维实验（thought experiment），考虑一下：如果我们在国内将所有铁矿石加工成碱式合金钢，将是怎样一种情形？我们可以为出口生产 6.65 亿吨钢，而这需要 15,000 拍焦（PJ）的能量，相当于我们今天出口的化石燃料的全部能量。这将为澳大利亚的经济带来 7070 亿澳元的收益，差不多 10 倍于我们现在出口铁矿石的收入，几乎是我们现在出口总收入的 3 倍。

钢铁出口商品790亿澳元

| 9900万吨 | 550万吨钢 | 120万吨 | 430万吨（澳大利亚国内使用）出口钢 10亿澳元(120万吨) |

铁矿石 9.17亿吨 ｜ 8.18亿吨铁矿石出口 ｜ 出口铁矿石 780亿澳元(8.18亿吨)

深加工钢铁出口商品7070亿澳元

铁矿石9.17亿吨 ｜ 6.69亿吨钢 ｜ 6.65亿吨钢出口 ｜ 430万吨（澳大利亚国内使用）出口钢 7070亿澳元(6.65亿吨)

可再生能源电力需求约15,000PJ

图 8.4　澳大利亚铁矿石商品出品利润比较

当然，这事不那么简单。很明显，中国人当前钢的产量很大，对世界钢市场造成一定影响。另一方面，有很多人愿意购买 100% 清洁生产的钢。随着时间推移，国际碳价的形成将使这个故事在澳大利亚听来更加动听。

有两种不使用煤的炼钢工艺正在开发中。蒂森克鲁帕（Thyssenkrup）

正与各方面伙伴合作，研发一种用氢替代煤的炼钢工艺，该工艺从技术看风险相对较低，且已走出实验阶段。波士顿五金（Boston Metals）由我在麻省理工学院认识的一位教授丹·萨多维（Don Sadoway）创立。该公司采取了一种完全不同的方法，用电化学代替老式的加热和锻压。他们已经制造出了钢锭，只是规模太小。比尔·盖茨的突破风险基金（Breakthrough Ventures）和必和必拓公司（BHP）都已投资该公司。如果我是一个爱打赌的人，那么这绝对是一匹黑马，定能大幅降低炼钢费用并彻底消除二氧化碳。

钢并不是唯一一种我们能够在其中出口可再生能源的金属材料。让我们看一下另一种能源密集型金属——铝。铝由氧化铝冶炼而成，而氧化铝是从铝矾土中提炼出来的。澳大利亚的铝矾土储量丰富，澳大利亚目前所有与铝有关的出口商品见图8.5。目前，我们每年开采铝矾土近1亿吨，其中以矿石形式出口的有3350万吨，只获得14亿澳元的收入，相对较低。其余6600万吨在西澳大利亚州和昆士兰州的六家炼化厂加工成氧化铝，这些氧化铝的大部分（1760万吨）用于出口，收入为100亿澳元。余下的电解铝在四座冶炼厂被炼成160万吨铝，四座电解铝厂分别位于维多利亚州、塔斯马尼亚州、新南威尔士州和昆士兰州。炼出来的铝大部分被用于出口，实现收入42亿澳元。大部分碳排放来自提炼氧化铝的过程，此时碳极在电解过程中熔化形成二氧化碳。苹果公司与美国铝业公司（Alcoa）和力拓矿业集团（Rio Tinto）合作，已经开发出了一种无碳电解（carbon-free）技术，实现了无碳熔炼。假如我们目前尚不打算以氧化铝形式出口全部铝矾土，而将全电冶炼、全可再生能源、零碳铝出口到全世界，那么我们可以将9950万吨铝矾土转变成4420万吨氧化铝，把其中的1760万吨出售，可实现100亿澳元的收入；把剩余的2660万吨转换成1320万吨铝，价值不菲，为380亿澳元。按照这个模式，澳大利亚铝矾土工业可以通过出口实现收入480亿澳元，是目前收入160亿澳元的3倍。这样做，需要巨量可再生电力——2500PJ——使澳大利亚成为一个超级大国。

目前铝矾土和铝制品出口160亿澳元

氧化铝 2010万吨　250万吨氧化铝　160万吨铝

铝土矿 6590万吨　　1760万吨氧化铝出口

铝土矿 9950万吨

10万吨（国内使用）
出口铝材
42亿澳元（140万吨）
出口氧化铝
100亿澳元（1760万吨）
出口铝土矿
140亿澳元（3350万吨）

铝矾土深加工和铝产品出口480亿澳元

氧化铝 4420万吨　2660万吨　1330万吨铝　1320万吨

1760万吨氧化铝出口

铝土矿 9950万吨

可再生电力需求=+2500PJ

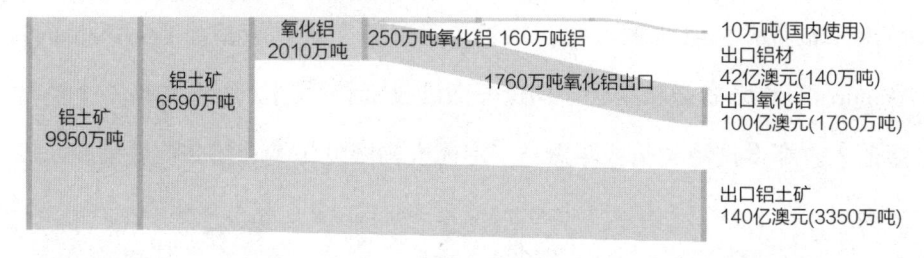

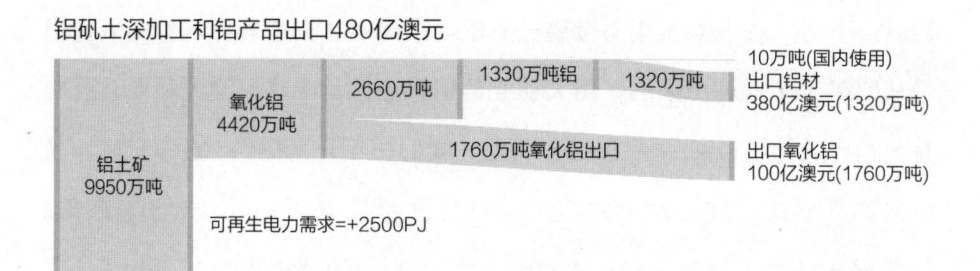

10万吨（国内使用）
出口铝材
380亿澳元（1320万吨）
出口氧化铝
100亿澳元（1760万吨）

图8.5　澳大利亚铝矾土、铝产品等出口利润比较

金属并不是我们可以出口清洁可再生能源的唯一载能产品。世界需要化肥，并且需求量很大。目前，世界氢产量为6000万吨，大部分用来生产氨，而大部分氨用来制造生产粮食作物所必需的化肥。销往这一市场的氢的价值大约为900亿澳元。考虑到当前使用天然气制氢污染极其严重，因此为世界化肥供应而使用可再生资源制氢就十分重要。如今，生产1千克氢消耗大约50千瓦·时的电。如果我们能做到热力学所允许的理想程度，生产1千克氢所消耗的电力就可以减少到39千瓦·时。但是我们现在还没有做得那么完美，因此每千克氢45千瓦·时的耗电量应是绿氢行业一个更合理的估值。如果澳大利亚要生产全世界制造氨所需的氢，将需要约9500PJ

的能量。采用像哈伯—博什反应法（Haber-Bosch）这样的工艺将这些氢制成 1.44 亿吨氨，还需要 6500PJ 的能量。如果我们生产全世界所需要的氨，我们将需要与我们目前出口化石能源同等当量的可再生能源，虽然这种可能性不大，但显然这是成为清洁能源超级大国的另一个机会。

你能看出清洁能源的发展方向。澳大利亚拥有以原矿、深加工矿制品和我所希望的电冶炼金属以及其他实物商品的形式（包括化肥）向世界出口能源的巨大机会。如果我们过去哪怕只承诺仅做其中的一小部分，那么就能够出口远比今天多得多的能源并赚取更高的收益。成为一个可再生能源超级大国有许多人们还没有意识到的益处，其中一项是，当庞大的清洁工业接入统一的全国电网时，其能源需求将使当地经济对能源的需求显得微不足道。鉴于这些工业加工过程有很大的热惰性（即，加热钢和铝所需时间较长，而使它们冷却则需要更长时间），这些庞大的产业实际上能够成为经济中其他产业的一个巨型蓄电池组——资助低成本、高可靠性电力，并使我们实现零排放。

出口太阳能

阳光电缆公司（Sun Cable）孜孜不倦地致力于让一个巨大的新型出口行业充满生机。它打算向我们东南亚的邻居直接出口澳大利亚的太阳能。世界上最好的太阳能资源位于澳大利亚西北部，这里巨大的太阳能电池板阵列将电子流通过水下巨型电缆输送到印度尼西亚和新加坡的电网。印度尼西亚和新加坡的人口密度太高，使发展可再生能源（以及核电）成为一件棘手的事。在与新加坡达成的第一个交易中，阳光电缆公司每年将提供将近30亿千瓦·时（3TW·h）的电量，即95PJ，而这仅仅是第一个项目。除一家澳大利亚初创企业5B提供的新型太阳能发电装置外，该项目还需要数千公里输电线路和海底电缆。这需要勇气和胆量，但是从在技术角度看，该项目没有什么大的风险。虽然它有政治和安全风险，但没有理由不相信，它是令澳大利亚自豪的一种出口商品，并且是许多出口商品的第一个。

出口燃料

我并不十分赞同把氢看成一种燃料，但是因为种种原因，包括诸如国家安全等非技术性原因，世界部分能源需求将由氢来满足。除用作化肥的生产原料外，澳大利亚如果想要出口利用低成本风能和太阳能产生的电以电解作用的方式生产氢，那么西澳大利亚州将是一个非常理想的地方。尽管它只是世界能源供应的很小一部分，或许是1%~2%，但它至少代表5000PJ的能量，占澳大利亚能源产量很大一部分，大致相当于用来为国际海运和国际空运，或者全世界重型采矿车辆和铁路货运提供的全部能量，意味着1000亿~2000亿澳元的收入。这可是一笔巨大的生意，安德鲁·福雷斯特（Andrew 'Twiggy' Forrest）已迫不及待地采取行动，想成为澳大利亚的氢巨人。难道这意味着未来世界经济将成为一个氢能经济吗？不会。难道这意味着澳大利亚能通过出口氢能赚一大笔钱吗？是的。

第八章 被碾压的矿石——出口型经济

世界铸造厂

澳大利亚是地球上第六大国家，且人口密度很低，世界排名倒数第三，仅高于纳米比亚（Namibia）和蒙古国（Mongolia）。我们还有阳光灿烂、风力强劲、雨水充沛的腹地，换句话说，我们有丰富的太阳能、风能和水能资源。此外，由于我们人口密度很低，与人口密度较高的国家相比，能源需求也相对较低。

如果我们的国内经济故事讲述是在郊外省钱但却每天把钱拿回来放进澳大利亚人口袋里这样一种情形，那么我们的出口机会则是另一种情形：郊外有大量的工作岗位；通过出口商品能赚到大把的钱；探索出一条澳大利亚延续其作为各种丰富资源初级加工厂那样不可思议好运的途径——只是现在以拯救地球而不是在毁灭地球的方式罢了。我们有全球基础设施现代化和电气化所需要的钢和铝。我们有锂、钴和镍，它们是大规模生产电动汽车和储能用蓄电池组必不可少的原材料。

全球对各种金属的需求量已经很大。2019 年，全球开采了约 32 亿吨金属矿。[34] 就此而言，它们相当于悉尼海湾大桥（Sydney Harbour Bridge）所用钢材重量的 6 万倍，粗算下来，相当于每年在世界上每一个国家建造 300 座崭新的悉尼海湾大桥。由于低收入国家将建设大量新的基础设施，而中高收入国家为了电气化和去碳化的需要，需重建其基础设施，世界将要需要更多的金属材料。

精明的国度

20 世纪 80 年代，当时我才十几岁，澳大利亚就渴望成为一个精明的国度，在国内制造更多东西，将澳大利亚的各种发明创造出口到世界各地。但我们并没有做到这些。我离开澳大利亚去了美国，就读于麻省理工学院，可以这么说，该校是一所世界上最好的工程技术大学。在那里，我见识了真正的创新、抱负和国家投资的真容，看到了它们无出其右、光彩照人的状态。澳大利亚对其在创新方面所作所为的观点是，它并没有不切实际、异想天开，然而澳大利亚能够做到，也应该做到。

当前，除了屋顶太阳能革命以外，澳大利亚还面临涉及大量可再生能源集成的挑战，而这些挑战其他国家几年之内还遇不到。澳大利亚是一个有很多应用技术发明家的国度，他们会探索出解决这类问题的方式。我们在世界范围内第一个将市郊全部变成了分布式发电厂、第一个研究出了将车辆和电气化采暖系统集成起来的方法、第一个采用配电网层级的各种发明（这些发明将所有配电网层级以较低的成本连成一体）——这些是澳大利亚引领 21 世纪所追求的技术革命的巨大机会。机会可能就在将来快速发展的初创企业和出口公司身上。

说到这，我有一个激进的想法：澳大利亚可以重新开始生产一些东西。我们可以制造蓄能电池组，我们可以制造海上风电平台和风力发电机塔架，我们甚至可以制造汽车或汽车零部件，我们可以制造热泵和电磁炉，我们还可以开发能源管理系统并推进新型输电线路的发明创造。澳大利亚在技术和革新方面表现不佳的一贯借口是——我们的市场太小，或者距世界市场太远——已不再适用，互联网已拉平了竞技场。

澳大利亚令我心潮澎湃：如果我们选择领导世界，我们就要掌握世界一流技术、拥有世界一流的技术公司。但澳大利亚令我担心的是，我们将做出相反的选择，死守着化石燃料不放，成为不折不扣的傻瓜，让未来行业从指缝中溜走。

第九章
为什么政客和法规很重要

- 政府正确的政策能够帮助我们节省花费、削减排放并更快抵达富足的未来。
- 我们在屋顶太阳能政策——法规、认证和融资方面，可以引领世界。
- 我们同样需要在电动汽车、热泵、电磁炉和电炊以及蓄电池领域走在世界的前面。

本书的一项核心要义是要说明澳大利亚人在全球清洁能源革命中，至少要在一个方面是世界的领导者：用太阳能省钱。在今后几年风平浪静的时光里，我们的家庭和汽车可以实现无成本零排放。不仅无成本，实际上还能：有结余。

好的政府政策是这次大转变的关键。本书提出的模型证明，澳大利亚可以以家庭利用太阳能的奇迹为基础，引领全部家庭和车辆的电气化。这样，我们的收益最大，并且我们能首先实现这个目标。本章要论证的是，我们应该从发现明智的政策如何促成 21 世纪前 10 年屋顶太阳能革命开始，并将其中的经验教训运用到 21 世纪 20 年代。我们可能会认为，政府并不重要，或者他们都一个样。的确，人们都不太愿意为规章制度、官僚作风和繁文缛节而绞尽脑汁，但这却是即将打响的气候变化战役的号角 。如果想在气候变化上做点事，请你不要故步自封，要与当地的市政委员会密切合作。

政策还有许多需要进行改进的方面，我们也将对它们逐一审视。这毕竟是一个气候紧急事件，我们需要采取一切能够产生作用的措施，而我们的法规条例就是其中最重要的几项。一些措施是紧急刹车（强制执行令和暂缓执行令）；一些是激励措施（补贴、课税减免）；一些是限制措施（税赋）；还有一些是要加大力度的措施（教育和培训）或是需要优化的系统（建立法规）。审视每一个选项，都促使我们加快建设一个更加美好、电气化的澳大利亚的进程，这一点十分重要。如果说本书要读的最重要的一章是第五章"万物电气化"的话，那不管好坏，本章位列第二。如果没有正确的政策环境，其他的一切事情要么是激动人心的夸夸其谈，要么是纸上谈兵。

考虑到我们面临的工作量，每一项能够令我们转变的政策都需要摆在桌面上进行讨论。联邦政府应该领导制订一个国家电气化计划、引导各州政府发挥领导能力并协调形成一个国家层面上的行动计划。联邦政府应该为先导项目提供资金，在规划和推进改革方面率先垂范，为产业组织培训，解决供应链瓶颈并提供资金减免和融资优惠。市场是不完善的，不能按计划完成这项工作，需要一些帮助。如果你的思想观念认为这样做有问题，那我就认为你的思想观念有问题。如果我们的联邦政府是快速气候变化方面的全球领导者，将是一件大好事——它一定会是。

政府能够决定在当我们用便宜、清洁的可再生能源替换昂贵、污染的燃料时，政府能够决定谁来分享潮水般涌来的巨大经济利益。与任何一次革命一样，能源转型也会有赢家和输家。如果我们足够聪明，我们将努力保证每一个普通的人成为赢家。如果我们再精明点，我们将考虑如何去帮助那些潜在的输家（煤、石油和天然气资产的拥有者），将他们的组织机构转换到未来模式上，最终使其也成为赢家。当今的政治说教声称，开采煤矿和天然气田的工人将成为输家，但拥有技能的人在绿色经济中会有一席之地，这一点毋庸置疑。

在美国，我设立的一个组织——"美国电力改革"，帮助成立了一个"电气化高层会议"——它是一个由国会议员组成的不断扩大的组织，这些议员将电气化作为美国政治议程的优先事项。在成立仪式上，伊利诺伊州众议员肖恩·卡斯滕（Sean Casten）把即将到来的脱离化石燃料的能源转变过程描述为"人类历史上最大规模的财富转移，财富从能源生产者转移到能源消费者那里去"。这是一个不同寻常的声明，但是我完全赞成。考虑到我们讨论过的家庭储蓄，人们面前能够赚取的钱还有很多。政府的政策将决定谁是赢家。我们可以大体描绘一下有可能获益的四个集团：①家庭；②公用事业公司、经销商和零售商；③银行；④提供能源托管服务、租赁和其他无化石燃料渠道的第三方供应商。为了能使系统正常运转工作，需要一点小钱让所有相关方受益，但我认为政府应该有一个清醒的战略，制定各项规章时应该向家庭——国家经济的基本单元倾斜。

突破陈规旧制

澳大利亚有300万个家庭的房子屋顶上有一个小型太阳能发电站。澳大利亚阳光充裕，人口基本城市化，并且住宅巨大，有足够的屋顶空间，在太阳能的普及率已达30%并快速提升的情况下，我们终将成为世界太阳能的领导者，这一点现在来看愈发明显。但这还远远不够，澳大利亚在太阳能方面的崛起已成为监管成功的案例。没有允许在太阳能领域竞争的好政策，我们将不可能走到今天这一步。要感谢的人很多很多。首先要感谢一位无名英雄，还要感谢一位在能源领域家喻户晓但外界知之甚少的科学家，约翰·霍华德（John Howard）。

20世纪80年代至90年代是太阳能初露端倪的时期，太阳能是愿景家梦寐以求的技术，并非是给郊区居民的。太阳能技术十分复杂，在自己的房子上安装光伏电池板的人只有"可再生能源控"——这种人种植当地的菜园，回收田园废物循环使用且自己堆肥，骑着他们的莫尔文星牌（Malvern Star）十速自行车上下班，省吃俭用只为购买昂贵的光伏发电系统，在他人看来真是难以理解。

在这个时期，由马丁·格林博士（Dr Martin Green）领衔的新南威尔士大学（UNSW）太阳能领域的科学家在硅光伏电池领域进行了许多技术创新，使它们成为今天的主导技术。当前，世界上大约90%的太阳能组件基于新南威尔士大学开发的技术，而这些技术出自他在肯辛顿（Kensington）的实验室。新南威尔士大学的科学家曾经决定在校园中安装一套太阳能系统，他们的第一步就是咨询电网公司，怎样做才能获得在自己的屋顶空间使用自己的技术的许可。当时太阳能技术太过超前，以致给他们的申请表是用于申请设立大型燃煤或燃气发电厂的申请表。这些科学家申请安装的太阳能发电装置的发电容量约为一个燃煤发电厂发电容量的十五万分之一。

这是所谓"陈规旧制"的典型例证：用一个以煤为中心的世界所设计的旧规则，束缚可再生能源并提高其成本。化石燃料主宰人类的能源供应已有150年之久，他们用了150年的时间制定有利的各种法规条例。我认为这并不是一个阴谋——那时这无疑是个好主意，但那是在我们意识到这些化石燃料正在杀死我们并毁坏我们的珊瑚礁之前。在21世纪的前10年，太阳能开始变成普通家庭为省钱而选择的一种途径。由于太阳能设备都在德国、美国和韩国等高成本地区生产，其前期费用仍然居高不下。产业权威知道这些价格将会下降，而且政府的激励措施将会帮助这个产业达到应有的规模，使其成为赚钱的产业，但是没有人知道中国太阳能制造产业的蓬勃发展究竟将在多大程度上永久地改变这场游戏。

在美国这个想象中的高效资本主义堡垒，安装太阳能的家庭饱受官僚作风之苦，使用成本居高不下。如果有人想要安装太阳能发电装置，他首先需要得到将太阳能发电装置安装到屋顶的许可，这可能需要花费数周或者数月的时间。得到许可之后，太阳能公司要两次到访他家，一次来检查屋顶，另一次来安装发电系统。之后，地方政府的官员还必须光顾他家，在审查这套系统是否满足州和联邦的安全标准的基础上决定是否批准。下一步，他必须与毫无变通可能的能源公司签署一份协议，将自己太阳能发电系统接入其电网——这时他的太阳能才能开始发电。

令人欣慰的是，澳大利亚吸取了新南威尔士大学早期实验的教训，突破了陈规旧制。工程师杰夫·斯特普尔顿（Geoff Stapleton）和他的一些同事倾注全力让安装太阳能既便宜又安全，因此他们建立了"全球可持续能源发展解决方案（澳大利亚）"，即GSES。他们的贡献是培训人员，并开发安装数目巨大的小型太阳能发电站所需的关键人力资源。在澳大利亚，安装太阳能系统只需到现场进行一次访问。人们可以在网上订购太阳能发电装置：负责安装的人员使用卫星图像远程检查屋顶并设计安装方案。安装这套系统的电气技师进行所需的安全检查并办理批准手续。最后一点很重要——通过培训的标准化，杰夫、GSES和联邦政府取消了许多在世界其他地方困扰屋顶太阳能发展的"软费用"。为了说明问题，并按照2020年的整数计算，太阳能电池组件本身每瓦特的成本为 25 分。在澳大利亚，太阳能电池组的安装费用为每瓦特 1 美元，而在美国（"免费之地"）则为每瓦特 3 美元。

是约翰·霍华德领导的自由党联邦政府设计了这个精致的管理办法。鉴于电动汽车和家庭电气化的成本在接下来的几年中一路走低，未来的问题是，现有的规章是阻碍还是鼓励家庭和企业采取"清洁行动"，用太阳能来节省资金。各个政党应该互相竞争，设计出好政策来。好消息是澳大利亚各党派已达成清除阻碍清洁能源发展壁垒的政治共识。自由党、工党和绿党的政治家们全都支持开放电力市场的改革。但我们需要他们行动再快一点、胆子再大一点。气候变化可不等人。

恰逢其时

一直以来，气候和其他生态问题似乎是一个左右为难的权衡。人们可以省钱，也可以行善，但必须选择！政治家、媒介和专家一直权衡这样一个难题：工作与环境。但是我们已经到达了，或者即将到达一个不必选择的时刻。我是一个发明家，从不怀疑人类能够发明炖鸡、冷藏白葡萄酒以及让奶奶暖暖和和地驾车送孩子上学的各种清洁方式。清洁能源是三赢的局面：它可以做到既丰富又廉价。安装清洁能源新装备将创造工作岗位并活跃经济活动。我们既能拥有蛋糕，也能享用蛋糕。

那么是否这意味着我们可以无动于衷而澳大利亚的电气化将奇迹般地发生？不。我们必须保持高度警觉。或许它终将到来，但是我们需要以前所未有的速度发生转变。

家庭和投资者最终将会筹集到澳大利亚电力重构所需的大部分资金，但各级政府必须给予支持，方式主要有三种：①停止补贴问题项目（即化石燃料）；②废止陈规旧制，降低任务成本；③通过示范项目、激励政策、货款回扣和资金补贴等方式将政府的资金集中用于加快能源转换中，帮助这一新兴市场发展。

政府制定了电网的规则，而且那些旧规则都是围绕煤进行设计的。政府建立了监管电网的管理机构。这些机构的人员都是工程师，工作起来谨小慎微，不敢越雷池一步。我们需要的是比他们更能够承担风险的员工。

我们已成功降低了太阳能装置的价格，但绝不能沾沾自喜：澳大利亚的电力法规依然存在对化石燃料进行暗中补贴和阻碍清洁能源发展的条款。以煤为中心的旧政策就是要对想做正确事情的家庭课税。不愿承担风险的配电公司将电从发出的地点配送到你家，他们总是担心其保证电力供应稳定的职责，想方设法延缓向分布式能源和存储的转变（你家屋顶的太阳能和你家车库内的蓄电池），因为这正是他们的业务。尽管如此，澳大利亚人是幸运的：他们仍然拥有约三分之一的电网、发电厂和零售商。昆士兰人拥有自己的整个电网。我们不应该把这些权利出售给私营企业，我们应该利用我们的所有权促使能源公司做正确的事情，即我们想要并且需要的事情：推进电气化，并使21世纪分布式的发电和储存方式与其20世纪集中化前辈平起平坐。

世界各国政府花费数万亿澳元补贴污染能源的开发利用。但如果清洁能源不能在市场上与污染能源公平竞争，就不能将污染能源赶出市场。澳大利亚屋顶在太阳能方面制定了各种政策并进行了建设，但是我们仍然阻碍电动汽车、家庭蓄电池和更大容量屋顶太阳能系统的发展。

澳大利亚联邦政府在鼓励其能源创新机构为城市和区域的电气化示范

工程提供资金支持方面，能够发挥重要作用。但是，这些机构也需负责包括碳封存、农业、工业、氢能和其他技术。上述这些东西与电气化相比，只不过是"标题"或"通告"，并非实质性解决方案。我们不可能仅在屋顶上完成整个能源转型。出于经济性、安全性和可靠性的考虑，我们永远都需要一个分布式（屋顶规模，不并网）和集中化（工业化规模，并网）相结合的基础设施组合体。我们不要将这两个选择对立起来，而是要努力找到最佳平衡点。在这一点上，各州政府的作用至关重要：在澳大利亚各地建设若干可再生能源区，接纳数以百计的大型太阳能、风能和储能项目。它们将替代老旧燃煤电厂提供的能源（和工作），并将它们尽早淘汰。

过去，地方政府拥有发电厂和供电设施。重新审视以下这种情况或许不是一个坏主意。当然，做更多实验、检测郊区电气化各种详细情况，对每个人都会有利。国家机构进行的少量试点项目，无法与大量研究最好方案的议会竞争。地方议会为澳大利亚人建设一个低排放的未来已经做出了巨大的贡献。他们可以帮助澳大利亚公民和地方纳税人与企业和社会团体携手合作，为他们的村庄、城镇及市郊制订一个惠及所有人的零排放计划。

如果每一位读了这本书的人都能成为电气化的倡导者，那么电气化就会更快实现。你所在地的地方议会与代表你的州及联邦议会议员需要知道你想要什么样的未来。你想得到在一些偏远选区对高污染能源予以补贴的数十亿澳元（只因为这些钱为执政党赢得几张关键选票），以及那些阻碍人们发展太阳能的电网规则？还是想为你的子孙后代得到更便宜的能源和一个更安全的气候？

对化石燃料的补贴和联邦政策的失败

十多年来,澳大利亚的国家气候政策一直简单粗放。澳大利亚到2050年的净零排放目标空洞无物,缺乏实现目标的具体实施措施。政策目标的实现隐晦地寄希望于负排放和氢能等不着边际的解决方案上来,这些方案或者能够轻易推导出物理上的不可行。澳大利亚的2030目标还有很多缺陷。

有一项政策尤其应该叫停:对化石燃料的补贴。我们国家政策最糟糕的指标之一是以下事实:联邦政府在使气候紧急事件更加恶化方面的花费比解决这一问题花费要多。我们将这一政策隐藏在自由市场乐观主义的一句箴言"技术,而不是税收"之后来掩盖事实,但是补贴化石燃料却与自由市场背道而驰。选举政府的原因是要它们做出超越市场能力——如拯救大堡礁和保护子孙后代——的明智决策。

最近的一项研究推测,2020~2021财政年度,澳大利亚各级政府支出了约100亿澳元用于支持化石燃料,其中大部分资金来自联邦政府。最大的一笔支持项目是78亿澳元的燃料税信贷,给了化石燃料的大用户,包括向煤炭和天然气生产商提供的15亿澳元。这意味着纳税人在向化石燃料公司付钱,让他们从地底下挖出更多的碳,加剧气候紧急情况的发生。此外,还有10亿澳元花在了航空燃油和海上石油的税收优惠上,另外14亿澳元用于支持化石燃料工业。这些钱多数出自各州政府,特别是昆士兰州政府。[35]

不幸的是,澳大利亚并非特例。根据经合组织(OECD)的估计,2010年至2020年,全球化石燃料行业获得的补贴资金多达6.9万亿澳元。[36]

争强好胜的各州

当州的职责和独立性发挥作用时，它就运转正常，业绩出色。澳大利亚的联邦制国体有成为世界上最佳电气化政策的孵化器的潜力。太阳能无处不在，而电网的电和天然气价格不菲，这使电气化在经济上有足够的吸引力。此外，由于每个州都是自己的电力"封地"，我们可以举办一场决出最佳政策的竞赛。之所以这么做是因为澳大利亚宪法将监管电力的权力赋予了各州。联邦政府没有决定国家电网如何运行的直接权力。各州负责授权建设电网和发电厂，并且向安装储能设施的电气工程师发放许可。

联邦政府应该制定国家层面上的气候政策议程，但是它们的工作干得实在太差劲了，各州只好越俎代庖。澳大利亚各州和领土管辖区都已确定了净零排放目标及实施计划。这足以说明澳大利亚实际上已经有了一个计划，因为我们的国家是由所有州和领土管辖区组成的。各州的共同计划与联邦政府代表澳大利亚展现出的立场不一致。而各领土管辖区早已展开相互竞争，争先恐后地探索驾驭清洁能源革命的最佳方式，它们干得非常出色。今后几年中，它们可以相互学习借鉴，从家庭、电网和汽车开始，加速去碳进程。

各州有各州的挑战，各州都制定出了自己的解决方案。以下内容是部分最佳方案的摘要——但内容可随时更新，而我相信当这本书出版时，更多州层面的好政策已然公布。

新南威尔士州

作为澳大利亚最富有、人口最多的州，新南威尔士州有一个既雄心勃勃又理性务实的气候计划，目标是到 2050 年实现净零。如前所说，净零中的"净"多少有些欺骗的味道，因为澳大利亚是富有国度，在这方面步子可以再大一些，我们的目标更应该是到2035年或2040年实现绝对零，这将更好地与将地球升温控制在1.5℃之内的科学理论相吻合。对此，新南威尔士州毫不怠慢，州政府发布了该战略头十年的详细计划。该计划打算到2030年实现其设定减排目标的一半。21世纪20年代的大部分减排量将来自可再生能源对燃煤发电的替代和以效率与电气化为中心的产业创新。有1.95亿澳元用于包括示范项目在内的技术革新。

该战略最直观、最显著的部分是建造足够多取代燃煤发电的太阳能、风能和蓄能设施。目前，这些设施所发电力约占新南威尔士州全部发电量的五分之二。这样的成绩值得称赞。但是，我们必须清楚，新南威尔士州政府还没有确定，迅速到来的电气化将以怎样的方式让民众所需的电量大约翻上一番。但是，没有几个州的政府能够认识到，电气化——我们唯一的去碳战略——不仅需要淘汰即将退役的燃煤电厂，而且还需要大规模增加电力供应。

澳大利亚联邦政府正在支持新南威尔士州在其中部设立国家可再生能源示范区。到21世纪20年代中期，中西部—奥兰那可再生能源区（Central West-Orana Renewable Energy Zone）将容纳以太阳能为主和风能发电的发电项目，装机总量约为3000兆瓦，足够为140万户家庭提供电力。选择这个地方的原因是这里日照充足、风能充沛且靠近现有高压输电线路，能将电力输送到东部沿海城市和工业中心。到21世纪30年代，作为国家电力市场[①]的一部分，大量可再生能源区将在其他很多州设立。

[①] 因为排除了西澳大利亚和北部地区，国家电力市场的叫法有误。我在本书中在提到关于电力市场的改革和政策措施时，一般指的是国家电力市场涉及的州和领土管辖区。

新的居民住宅将必须满足更高的热能评级标准（thermal energy rating），从目前的5.5星提高到7星。这项新政的一个显著影响是，新南威尔士州将彻底消除黑色屋顶。黑色屋顶会吸收太阳能并将其散发到当地社区，引发都市热岛效应。更理想的状况是，强制所有新建建筑物和重要的翻建或改建建筑物安装屋顶太阳能。作为一名物理学家，我喜欢将浅色屋顶的简约视为一项气候适应政策。浅色屋顶能够削减夏季保持建筑物凉爽的成本，并减少热岛效应，从而降低每个人的环境温度。由于全球变暖加剧热浪生成，未来的都市人将感激我们为他们建造了浅色的屋顶和凉爽的社区。

南澳大利亚

2016年，南澳大利亚州的负面标题上了媒体：破天荒全网大停电。那时，国家电力市场建立已有20年。这次重大事件之后，为使其电网更具抗冲击能力，南澳大利亚州制定实施了多项制度，这些措施使得清洁能源能够取代化石燃料。2017年，世界上最大的蓄电池组在南澳大利亚州投入使用，帮助电网稳定运行。平心而论，这个10万千瓦，12.9万千瓦·时的霍恩斯戴尔电力储存装置作为一项技术举世闻名，但该州政府更应因支持创新政策而闻名，这使该储能项目得以落地。这个"调频装置"（frequency control）是一个公益项目，州政府代表全体电力用户购买了它，这种方式很有效率（频率调节使得电网交流电的频率保持在50赫兹的目标值附近，笔记本电脑等电子器件和工厂的电动机和农田水泵这样的大型机器都需要这样的频率以保持工作正常）。南澳大利亚州还在该州的电网中安装了"同步调相机"（synchronous condensers），以使电网电压保持在安全范围内。这些"同步调相机"实际上就是发电厂的发电部分，但不需要化石燃料发电机的驱动。它们自由旋转并同步电网50赫兹的频率，并对频率和电压进行调节。

这些做法和其他创新的结果使南澳大利亚州不断刷新清洁能源的纪录。去年，它成为全世界第一个瓦级规模、几乎完全去碳的电网。"同步调相机"和大型蓄电池组使得南澳大利亚州在大幅削减昂贵的燃气发电机组的同时，也保证了电网安全。在很短一段时间内，南澳大利亚州的所有电力需求都由屋顶太阳能和大规模清洁能源发电装置予以满足。无论对澳大利亚和整个世界，这都是了不起的进步。

维多利亚州

维多利亚州为家庭电气化设立了一个专门机构。"维多利亚太阳能"（Solar Victoria）10年的预算为17亿澳元。它帮助家庭，特别是低收入家庭购买太阳能和储能系统，并用高效热泵替换老旧房屋的采暖和水加热装置。

在澳大利亚，维多利亚州在海上风力发电方面也独领风骚。海上风力强劲且十分稳定。此外，在海上不会与其他重要生态资源或人类活动发生冲突。风力发电机是海上的庞然大物，它们可能高达260米，发电容量多达1.4万千瓦，足够为3500户家庭提供电力。曾经有一个有趣的故事是这样的，澳大利亚准备建造的第一个海上风电场将位于巴斯海峡（Bass Strait），它将在一片曾是海上气田的海域发电，输电线路将铺到岸上，在拉特罗布山谷（Latrobe Valley）接入电网，这里是澳大利亚褐煤储藏最丰富的地方。从煤炭和燃气切换到清洁能源，完美地体现出澳大利亚在21世纪能够引领世界的方式。

昆士兰州

昆士兰州在运用家庭能源设备保持电网稳定方面已成为领跑者。该州有一半的电力用户允许电网调度员远程控制他们家中的一个或多个用电设备。如果电力系统面临短期缺电且电力供应难以维持，昆士兰州就可以短暂拒绝电力需求。这种情况一年只发生几次，而且处理过程完全自动。这就是"需求响应"（demand response），根据国际能源署（International Energy Agency）的观点，它是帮助各经济体实现巴黎协定1.5℃温升控制目标的一项关键措施。

一些支持煤炭的事实评论员对需求响应进行了抨击，认为这种做法意味着人们必须放弃消费舒适性，但事实并非如此。昆士兰州近100,000户家庭将家中的热泵连接到了尖峰用电智能需求响应系统（Peak Smart demand response system）。如果电网供电紧张，电网调度员可以将家庭的空调关闭压缩机半个小时以内，风扇仍然可以保持运转。2018年的一项调查显示，超过80%的尖峰用电智能需求响应系统用户在夏季热浪期间允许电网对他们家里的空调进行节能调节，它们推荐其他家庭也加入这个项目。工程师们将需求响应描述成一座"虚拟电厂"。与其新建一座大型电厂，仅在夏季用电高峰时段用上短短几个小时，我们不如将数百万个小型家用电器设备连接起来，在整个热浪期间都少用一点电。

昆士兰州还接纳了许多创新项目，这些项目展示了太阳能、风能和蓄能电池组如何比同步冷凝器这样的常规装备更能保证电网运行稳定。在昆士兰州北部，将四个大型太阳能电场接入电网的换流器进行了重新编程，现在保证着这部分电网的安全，费用仅为常规解决方案的4%。

塔斯马尼亚州

塔斯马尼亚州由岛屿组成，因为水电丰富，其能源几乎100%是可再生能源。它有一个规划，到2040年其能源200%可再生。该规划设想，使用水能和风能组合，每年生产塔斯马尼亚州所需电量的两倍，通过海底联网电缆向澳大利亚大陆输送电力。塔斯马尼亚州可能是世界上用电缆将开放航道两边的电网连接起来的先驱，使两边的电网因其丰富的水电而更加安全可靠。这些水电还可以用作抽水蓄能电站。

北部地区

北部地区大约有400个偏僻的土著居民和其他社区，距同步共享电网十分遥远。[37]这些"微电网"依靠小型柴油发电机供电，而这些地区每升柴油的价格高达两澳元。2002年，约翰·霍华德政府出资设立了"乡村之光"（Bushlight）计划，在150个偏远的土著社区安装太阳能和蓄能电池组系统。去年推出的原住民清洁能源网（First Nations Clean Energy Network）就是在该计划取得成功的基础上开始建设的。原住民社区和企业家为澳大利亚人主宰其清洁能源的未来制订了宏伟的计划。这是一次极其鼓舞人心的运动，一些最偏远、最贫困的社区能够通过第一民族社区所拥有的大型清洁能源合作社管理自己的能源。

西澳大利亚州

在西澳大利亚州，州立电力公司更进一步。州政府不仅将太阳能和蓄能电池组并入微电网以降低柴油的使用量，而且还计算出，在电网末梢将通往某些偏僻城镇的输电线路切断，以太阳能和蓄能电池组为基础建设微电网，将使电力更加便宜。这些尖峰负荷容量达600千瓦的非联网微电网是西澳大利亚州电力系统的新的标准化战略的一部分。[38]

国家议程

随着州和管辖区层面能源创新活动如火如荼地开展，有一点已十分清楚，即这十年我们能加倍发展清洁能源。本章余下部分将提出这十年澳大利亚在加速清洁能源革命和使住宅电气化方面能做的关键事项。

首先，我将向各位展现各州政府如何能够利用市郊和城镇的电气化示范项目开发出各种技术和商业模式，并形成一个出口市场。然后，我会解释澳大利亚何以能够废除阻碍电气化发展的陈规旧制，并将补贴从"坏能源"转向"好能源"上来。接下来的一部分将研究我们如何能够运用政策鼓励绿色建筑，这些建筑已为电气化的未来做好了准备，其设计可以充分利用周围的热能流，从而提升舒适度并降低成本。

澳大利亚对屋顶太阳能的偏好将展现以煤为中心和旧的市场法规体系是如何为家庭发展太阳能设置各种障碍的。太阳能是人类理想的电力来源，下面我将向各位提供一份全部政策的摘要，以便扩展各位向电网销售电量和服务以及投资合作能源和蓄能电池组项目的权利。

引导我们的示范项目

家庭和车辆的完全电气化要到 2025 年前后才会显现出成本效益。如果我们想破浪前行、引领世界，就必须做好准备。联邦及各州政府必须要在全澳大利亚范围内资助电气化示范项目，设计出将所有各自为战的项目形成合力的最佳方案。

一项重大技术转变（如改革一国能源结构和设施）涉及的不仅是设备，它是各种复杂系统的根本转变，涉及经济、政府、贸易、技术、商业模式、政治和文化。目前，弄清其运作的方式只有一种——那就是让它运转起来。2022~2024 年是澳大利亚成为世界电气化强国的机会窗口。这场革命的核心技术是光伏电池（PV），澳大利亚在研发和应用上都处于世界领先地位。澳大利亚电气化的经济性要优于世界上任何地方。

示范项目是创新的重要组成部分，通过资助示范项目，政府可以向公众、投资者和制造商展示光伏技术的实际运行情况和带来的效益，从而发挥领导作用。在澳大利亚，一些私人住宅已经完全实现了电气化：电气化厨房、电采暖、太阳能屋顶、蓄能电池组、电动汽车以及能量管理系统。这些早期电气化采纳者为他们的特权付出了代价，因为到目前为止，电气化一直是他们挥之不去的烦心事。当你第一次与承包商和供货商打交道时，仅让他们去做该做的事就已经非常艰难了。如果再加上整个供应链和监管环境，难度就会成倍增加。这些勇敢的人们让他们的家庭实现了电气化，但还没有给其他家庭实现电气化，当然，更没有任何一个市郊已实现电气化和去碳化。这是气候战争的前线，而这些精密的集成是澳大利亚出人头地之处。

一个地点，所有的事情

一个完全电气化示范项目，意味着根据安装各类电器的要求对某一地区所有家庭重新布线。每个独门独户的房子都要安装屋顶太阳能装置、每个家庭都应当有一辆汽车是插电式电动汽车、每个人都有一个蓄能电池组，高效热泵将替换所有老旧燃气或电热水器和采暖加热器，每个厨房都配备电磁炉。此外，每户的配电箱还要加装智能能量管理系统，每个人的手机上安装易于使用的控制应用程序。

实践中，一些家庭会拒绝参加示范项目，特别是在第一批试点时。但这并不妨碍这项研究的有效性。只要超过60%~70%的独立家庭登记参加，该示范项目就是一次严格的电气化测试。最小家庭编组应包括50个左右的家庭，他们从同一个配电变压器受电。你或许看到过这些安装在电线杆上的设备，它们的尺寸约等于一个酒吧冰箱，有一些接入和接出的明线，电线周围是大绝缘盘。更大的示范项目将把接入邻近配电变压器的各个家庭整合在一起，这样做的目的是扩大示范项目的规模，将每户接入附近变电站的家庭纳入其中。每座变电站可以向约 1000 户家庭供电。接电构成的情况见图 9.1，该图显示了每户家庭连入终端电网"街道层级"和"变压器层级"的情况。一个大规模的电气化示范项目将包括由"配电层级"升级而来的"郊区层级"电网。

通过将一条街道或者一个郊区的所有家庭连接起来，这些示范项目在证明气候行动对环境和经济有重要意义方面将大有可为。随着人们与邻居分享经验，它们将助力形成向清洁能源转换的文化动力。

降低每个人的账单

21 世纪 20 年代的电气化意味着更低的账单费用和零排放。在向这个目标前进的路上，由于政府适度的补贴，示范项目将使相同的目标得以实现。政府的这项投资将使其他社区受益，因为澳大利亚将引领世界并开发用于出口的技术。

租房客、公寓住户和无车一族该怎么办；他们如何从电气化中受益？示范项目的财务框架方案可以设计成将社区每一个人都包括在内，甚至那些没有汽车或者没有屋顶空间安装太阳能的人。用廉价、当地发出的太阳能电力替换燃气和电网电力所得到的受益能够人人分享。能做成这件事的方法是，全部家庭与加入示范项目的售电商（供电商）签署协议。一户家庭无论能够在多大程度上参与供电线路改造，供电公司都将给予他们折扣用电账单。公寓租户这样的群体也可以与示范项目签约，获得便宜的电。

第九章 为什么政客和法规很重要

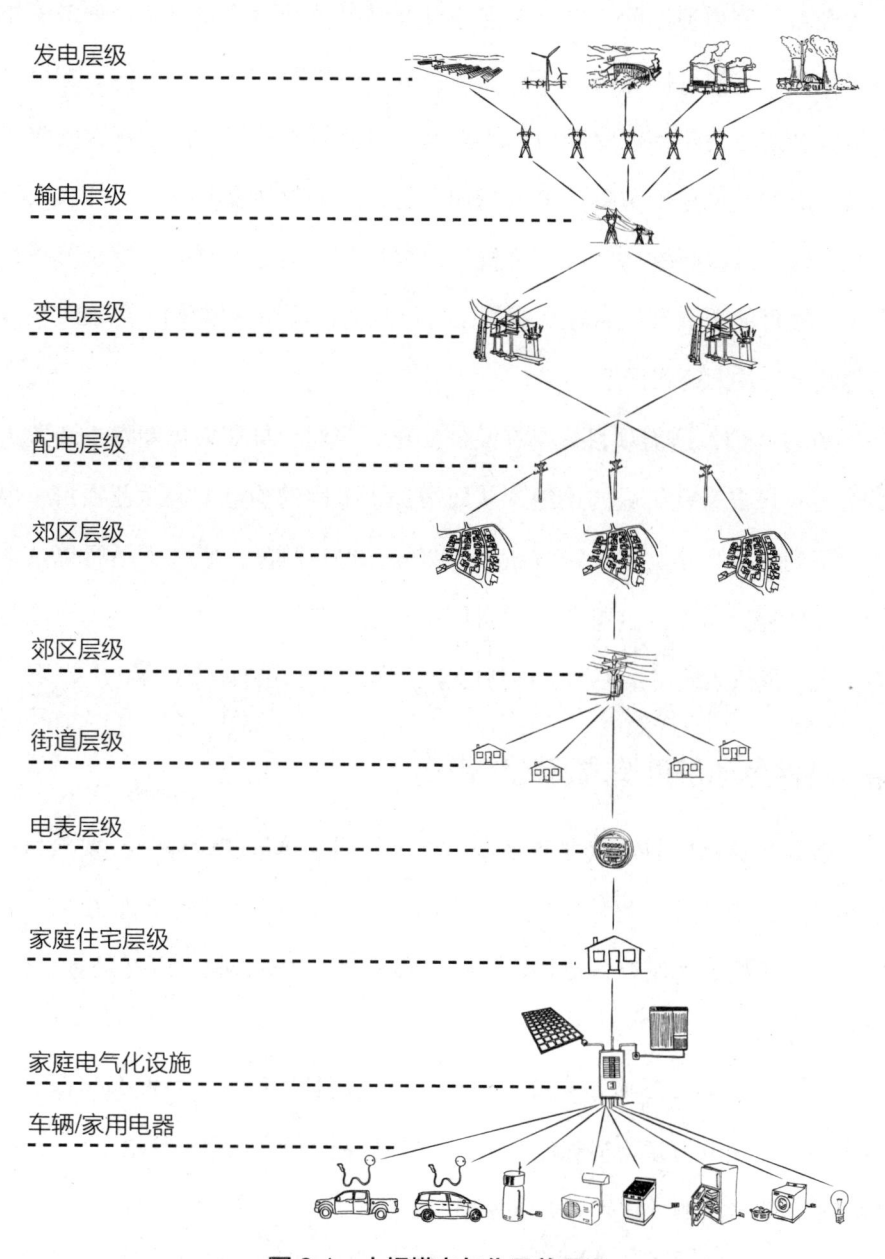

发电层级

输电层级

变电层级

配电层级

郊区层级

郊区层级

街道层级

电表层级

家庭住宅层级

家庭电气化设施

车辆/家用电器

图 9.1 大规模电气化示范项目

一个设计优良的示范项目应该让政府承担全部设备、电动汽车、安装工程和项目管理费用的一半，大部分资金将以贷款的形式提供，分若干年逐步偿还。人们可以签约参与示范项目技术研发阶段部分的工作，这个阶段可能会持续两年，但此后他们仍然能够持有这些技术。偿还贷款的收入来自家庭用电账单所节省下来的费用。通过一个单独供电商把全部收入绑定在一起，给银行这些年收入为抵押而提供贷款信心。对第一批示范项目来说，很可能需要有优惠融资贷款，可以从清洁能源金融公司（CEFC）或其他政府贷款人处获得。

20多年前，这类项目最早在欧洲实施，当时，早期太阳能发电装置提供给了一户户家庭组成的小组，从而增加了电网的购电量。示范项目一个意想不到的结果是，整个对电量更感兴趣：电从哪来、它如何运行以及他们怎样使用这些电。这是我十分赞同的！进一步讲，如果电气化示范项目能为人们提供系统思维和发明创新的速成班，岂不是再好不过了？

将棕色地带打造成蓝色地带

建筑领域已经将电气化扩展到了住宅项目。这些"绿地"开发项目由于是在平地上新建，实现电气化很容易。难啃的骨头是对已建成社区实施电气化，这些社区用燃气烹饪、加热水和采暖，面对的挑战既是技术上的，又是文化上的。

用更好的型号替换效率低下的热泵或电炊具比用电器替换燃气设备要容易得多。用电力替换燃气涉及两个行业（一位水管工和一位电工），要拆除管道，安装新的导线管并升级配电盘。

此外，还存在文化上的障碍。习惯于使用燃气的人会觉得转变很艰难。解决办法是不强制他们拆除燃气设施，而是引导他们考虑更清洁、更便宜的选项。澳大利亚首都直辖区（澳大利亚行政区，ACT）的吉因德瑞（Ginninderry）新建住宅区是一个绿地开发项目，从第一天起就推进电气化。小区开发商组织名厨用电磁炉进行厨艺展示，向潜在的居民推介相关技术。示范项目小区第一批改变用能方式的住户将成为邻居们的代表。最有说服力的形式是社会验证：见证变化并倾听信任的人所说的话。

政府在资助能源创新上的作用

一直以来，技术上的战略转变通常由政府提供的资金予以支持。在21世纪20年代后期，澳大利亚城市和乡镇的清洁能源革命将主要由消费者和私营公司推动。但是在市场真正释放、大量资金进入之前，政府的作用非常巨大。各级政府必须大力推动创新进程，向消费者、金融家和政治家宣传展示电气化模式。

与州政府相比，联邦政府有更大的权力和更多的资金，因此应该为最大和最昂贵的电气化示范项目提供资金。联邦政府创立了初始投资100亿澳元的清洁能源金融公司（Clean Energy Finance Corporation，CEFC）和初始投资数十亿澳元的澳大利亚可再生能源署（Australian Renewable Energy Agency，ARENA）。二者均为清洁能源创新方面的专门机构，有大量成功的业绩记录。

澳大利亚可再生能源署在整个创新过程中率先问世，是一家商业化前期的资金提供者。它向作为被证明可行的技术概念、实验室或小规模的技术应用提供资金支持。自从该机构于2012年开始对外提供资金支持以来，它已向602个可再生能源项目提供了17.7亿澳元的资金支持，其中的三分之一提供给了太阳能光伏电池项目。

清洁能源金融公司是一家绿色银行，为利用清洁能源技术的项目提供贷款，这些技术在商业上和经济上可行，但还没有得到银行的资金支持。清洁能源金融公司"大量吸纳"（crowds in）商业投资基金，与政府基金联手以优惠利率贷出。自2012年开业以来，它已为220个大型项目拨付资金95亿澳元。

清洁能源金融公司和澳大利亚可再生能源署已经为许多涉及电气化方面的技术和挑战的工程提供了资金。今后几年，这些机构将推动澳大利亚电气化创新方面的更多工作，很可能包括各种示范项目。联邦政府也可以通过工业、科学、能源和资源部（Department of Industry, Science, Energy and Resources）直接向示范项目提供资金支持和贷款。资金也可经由澳大利亚联邦科学和工业研究机构（CSIRO）和一些大学间接提供，而这些资金往往重点投向早期研究和开发。

各州、领土管辖区，甚至地方政府都会帮助支持示范项目。各州都有自己的清洁能源创新资金。例如，新南威尔士州在其"净零行业和创新计划"中就有用于投资示范项目的7500万澳元。地方政府虽然没有为技术提供大量资助资金的收入基础，但它们仍然可以发挥重要作用。地方政府层级最贴近居民并与所管辖社区交往密切。通过《大本迪戈气候合作计划》，维多利亚州的本迪戈市（Bendigo）正在带领它的社区踏上2030年实现零排放的征程。这是完全电气化示范项目的完美开端。

奋力拼搏　勇攀高峰

澳大利亚国土广袤，是运营电气化示范项目的理想国度。我们能够在与地球上任何地方都可以匹配的各种气候条件下测试电气化技术。在不同气候条件和各种建筑环境中的一系列示范项目，会证明电气化任何地方都能正常运行：从摩洛哥电网的末端到日本的滑雪度假村，从波士顿的现代化市郊到像布达佩斯这样的中世纪古城。

通过在商业应用规模上的创新，澳大利亚可以向世界出售智库。遍布澳大利亚各地的社区可以与当地政府以及州和联邦议员合作，共同提出引进示范项目的建议。一个名副其实的清洁能源市民基层运动能够促使政府为创新提供资金支持。示范项目的成果可以作为产品和服务向世界出售。从硬件到软件再到"湿件"（wetware，计算机用语，指操作硬件和软件的人"件"，或大脑），或在文化和商业模式上，创新是必要的。相关设备全都经过了验证，但在将它们绑定在一起的能量管理系统中还有一些"更智慧的思维"需要完成。

软件也将至关重要。每个人都应该能够很容易地查询到，通过使住宅和车辆电气化，他们节省了多少钱、减少了多少排放。这些应当只是一款远端应用程序就可解决。商业流程上也会有重要创新，要便于用户理解和管理。经济上的成果应当与用户平等分享，不能完全由新、老能源公司独享。

如果澳大利亚能在全国范围内迅速启动一批示范项目，我们就能领导这次能源革命。一系列不同的做法将降低风险。不同的做法将把更多原形技术应用到实践中来，并产生更快的创新效果。同时，联邦政府也可以起到重要的召集作用，将利益相关方汇聚到示范项目周围。我们重新培训工人，让他们为各家各户升级电力设施。银行需要有为能源转型提供融资的决心。陈规旧制需要予以废除。

电网中立

电力市场的规则将决定澳大利亚以多快的速度实现电气化、用户能否公平分享电气化在收入上带来的额外收益。电力市场的设计和规则异常复杂，因此我想用大家比较熟悉的互联网上的"公平"这个概念来解释成败的关键。

不允许互联网服务商歧视用户是一个自由开放的互联网的基本原则之一。所有的信息流必须受到平等对待。电力领域与此相对应的概念就是"电网中立"，即家庭、商业用户和发电商彼此平等、各自运行的理念。所有电量都应在电网上平等输送，无论它们来自屋顶太阳能、电动汽车蓄能电池还是拉特罗布山谷冒黑烟的老旧燃煤电厂。电网中立可在降低电力成本的同时提高可靠性。它鼓励使用蓄能电池组和以换流器为基础的太阳能及风电为电网提供各种安全服务，而这些服务所需的煤炭和燃气是要付费的。

各位可能会认为这听上去十分明显，所以对我提出这个问题感到惊讶。澳大利亚的电力法律对清洁能源存有偏见，现有电网根本就不是一个中立的电网。更让人吃惊的是，一些电力市场的规则对可再生能源的偏见更深。例如，澳大利亚能源监管部门提出一项规则，其实质是要对蓄能电池组因完成其设计功能进行双向收费。蓄能电池组不是发电厂，只储存已经发出的电力。上述规则的出发点是，蓄能电池组应当为储存已经发出的电力向电网支付使用费；而当蓄能电池组应电网需求向电网送电时，要再次付费。

这简直荒唐。没有蓄能装置，澳大利亚绝不可能去碳。虽然澳大利亚电力市场旧规则里对煤炭有偏好，但令人费解的是，在转向新的、更加清洁能源的当下，最新的规则变化却锁定煤炭，把它当成人类永久的朋友。格拉斯哥气候大会（Glasgow Climate Conference）创造了历史：它明确指出煤炭是诸多气候问题的根源所在，应"分阶段逐步削减"。在整个世界达成共识减少煤炭使用的时候，澳大利亚的立法者却想保护它免受竞争威胁，

第九章　为什么政客和法规很重要

这到底是什么原因？原因就是金钱和影响力，这毫不令人意外。

电力市场或许看上去像是资本主义的"蛮荒西部"（Wild West），能为居民提供售电服务的售电商多达数百个，但实际上它是一个完全由政府建立的市场。通往各家各户的电线杆只有一组、输电线只有一路。在教科书中，配电是政府特许垄断的例子。政府决定修建那些发电厂以及建在哪里，谁拥有输配电网，用户从电网获取时要付多少钱，发电厂（或者蓄能电池组）向电网输电要支付多少费用。

这表明，控制市场的那些现有能源企业在制定保护其利润的规则上有巨大的经济利益。它们在咨询公司、律师和监管专家身上一掷千金，让他们进谏和游说，目标是阻止清洁能源和各家各户与它们的投资进行竞争。即使小规模可再生能源也要被征收某些批评家所称的"阳光税"。这一规则将意味着家庭向其他需要电的用户送电时必须缴纳电网使用费。然而，燃煤发电厂却根本不必支付这项费用。

规则制定者曾进行了一次对电气化非常有利的重大改革。它允许向用户支付降低电力需求的补偿，条件是这样做比向发电厂支付增加电力供应的费用要便宜。这将会降低所有电力用户支付的总体电价，因而对每个人都有利，绝不只是对向电力市场出售"需求响应"（demand response）的用户有利。大型燃煤发电—售电公司大肆游说，确保电力用户不能签订从事需求侧管理的合同，阻止家庭进入新的电力市场。只有大型制造企业和商业公司才被允许进入需求侧管理市场。

你能猜到谁从电力市场的种种规则中受益吗？

太阳能发电装置的拥有者时常得到非常慷慨的上网电价支付方案，这些方案通常由想在即将到来的选举中赢得选票的政治家们火速设计出来的。上网电价已经调整了多次，各州之间也不尽相同。这架"太阳能过山车"

导致电价忽高忽低，损害了太阳能行业。清洁能源倡导者常常要求采取用电分时定价（time-of-use pricing）作为一个更好的解决方案即电力需求大时收费高，电力供应充足时收费低。这是一个引导电力消费行为十分简便的方法。大多数人不会坐在家里等待价格信号来告诉他们什么时候打开电视、什么时候大量洗衣以及怎样给孩子睡觉的房间降温。从普遍的中立原则开始，所有这一切将会简单得多：对家庭和大型发电厂一视同仁。允许所有市场参与者不受限制地相互买卖。从电量、经济性以及电力和澳元的角度看，这都是高效的。

不要指望公民在错综复杂的立法辩论中对燃煤电厂进行抨击，但是你可以告诉本地议会的议员和推特上每个跟帖者，你是一个极端的乐观主义者，我再也不会用燃煤电厂所发的电了。

不要厌恶能源行业，投身能源行业吧。与你的邻居携起手来，共同敦促所在地政务委员会来组建一个电气化示范项目委员会，以便从州和联邦政府那里申请资金。如果你即将毕业且喜欢辩论，正在考虑将来做些什么，那就考虑做一名清洁能源方面的律师吧。我们需要每个人参与其中，尽可能用最快的速度、最公平的方式转型到清洁能源上。我遇到的大多数绝顶聪明的年轻人已经这么做了。他们本可以作为商业银行家或者商业律师将其收入最大化，但他们却在清洁能源公司或政府部门工作，加速了全社会向清洁能源的转型。

绿色建筑

如果我们希望每个生活在澳大利亚的人到2030年能够享受绿色梦

想——能源零排放和更低的资费账单,我们就必须促使各级政府立即改变建筑规则。每一幢住宅或公寓楼,若按照配备燃气设施的方式建造,就要花钱铺设地下管道,还要向天空进行不必要的排放。

澳大利亚的建筑存量是一笔巨大的投资,建筑物的使用寿命通常延续数十年。我们需要规划法律来引导开发商和自建房的业主为子孙后代建造智慧、高效的建筑。电气化需要为电网制定正确的规则,但同时也需要为家庭、商业建筑以及城市和乡镇制定切实可行的规划法规。

只要有可能,所有新房子都应该在屋顶上建设足够多的为家庭和车辆供电的太阳能发电设施。我们的配电盘不应该仅是保险丝,而应该能够管理太阳能发电和车辆充电,平衡家中的高负荷电器,并在需求响应、电压调节和电网抗冲击上发挥应有的作用。车库或停车场以及房间里应有为蓄能电池柜充电的装置。采暖和水加热器必须采用高效热泵,此外,我们还需要电磁炉。

联邦政府负责管理全国住房能源评级方案(NatHERS),它提供一个评估家庭热效率的标准方法。该方法为一个从 0 到 10 的刻度,10 星表示房子几乎不需要采暖或制冷就能满足全年舒适居住的要求。2010 年,《澳大利亚建筑规范》(*The Building Code of Australia*)进行了修订,要求新建住宅的标准为 6 星或者更高。但这一要求仍然远远落后于国际标准,当前有人推动要把该最低标准提高到 7 星,从而减少 24% 的能源消耗[39]。增加热效率将意味着增加建筑成本,但可以通过抵押方式为提升星级融资的成本要低于能源成本上的结余。

幸运的是,很多业主自建房者和开发商已走在了建设标准的前面。这一现象表明,人们希望更加健康舒适地住在设计得更好的房子里。澳大利亚绿色建筑协会(The Green Building Council of Australia)管理运营着一套自愿"绿色之星"评级系统，该系统鼓励完全电气化并评定房子（通风、舒适）和气候韧性的"健康状况"。

让建筑物为居住者并使整个街区更"凉爽"的方式有很多：浅色屋顶能够让建筑物更"凉爽"；垂直的花园和荫凉的树林能够帮助房子抵御热浪。被动式太阳能利用设计（Passive solar design）是指：让建筑物面朝东方，帮助它阻止夏季的高热，并保留住冬季的温暖。一座建筑物在使用年限内所消耗的一半能源体现在其建筑结构的载能上，这意味着我们需要找到低碳材料并延长其使用寿命。用木材建造、带有钢屋顶材料的澳大利亚家庭住宅非常惬意，而且可以真正形成碳汇。膨胀水泥和混凝土打造的建筑就不是这番景象了，它们是二氧化碳排放最高的产品之一。把碳封存在建筑材料中，而不是把我们的住宅建成碳源，是一个极妙的主意。我们需要把住宅建好、提高建筑行业和建筑材料的质量——降低建筑材料的载能量的最好办法是增加其使用寿命，使建筑材料的载能量可以在更长的期限内分摊。

社区蓄能电池组是中型蓄能装置，供所有住户和企业共同使用。这种装置对高密度社区尤其重要，因为这些社区居民人均屋顶空间寥寥无几，几乎不可能安装太阳能装置。

电动汽车是轮子上的蓄能装置，应该被用来支持电网运行。这就是说在社区内的空地上安装充电装置，在每天工作时段可以为车辆充电，此时的太阳能最为充足。这些滚动的"蓄能电池"晚间停放在家时，可以放电，正好与晚上7点前后生活用电高峰时段同步。这正是阳光微弱之时，而炉灶、烤箱、房间采暖或是制冷、洗碗机、冰箱、电视和洗衣机大显身手之际。从今年开始，英国所有新建筑都必须安装电动汽车充电端口。据测算，这项规定带来的结果将是每年安装约145,000个新的充电端口。

城市也需要自上而下进行设计。这意味着要有更好的公共交通（铁路、有轨电车和电动公共汽车）体系，不只要有仅为周末观光的自行车道、在更多的公园和道路两侧要有树木形成的高层林冠覆盖，以及各种水道和涵养水源。

如果我们利用示范项目计划，探索对现有存量建筑物进行电气化改造的方法，确立新建建筑电气化的更严格的标准，并修建社区电动汽车充电和蓄能装置，我们的都市和城镇就将阔步迈向更加清洁、更加美好的未来。

资金折扣、再培训、设备供应链和大规模融资勇挑重担

一旦示范项目的方案，在这十年的前期能够验证电气化切实可行，电器提升的步伐就能够真正加快。我们的模型显示，到这个十年的中期，我们每年能够为10%的家庭改进家用器具。这不仅是一项海量的组织工作，更需要大量的资金支出。我们预计，高峰期累计投入费用将达到120亿澳元。

2025年前后，有四项政策措施需要协同实施以确保届时电气化提升步伐按进度推进。政府资金返还折扣是一种直截了当的补贴形式，可以直接落入澳大利亚消费者的手中。对低收入家庭来说，要降低能够使其家庭去碳而采用的清洁能源解决方案的预付费用，资金返还是一个理想的机制，同时这还能保证整个社区的利益。太阳能、热泵、电动汽车、家庭提效和电气化升级等方面应该能够享受到资金返还，最好在销售点购买产品时享受。邮购或是其他比较复杂的返还方式会增加不必要的阻力。

在未来的十年里，如果我们想要有能力为澳大利亚的家庭和道路上安

装 5000 万台电动器具，人员的再培训和相关劳动力的支撑就至关重要。与资金返还一样，该措施最好由联邦政府组织，并意味着要与工会和技术部门密切合作。与我们为屋顶安装太阳能所做的工作类似，对加热换气空调（HVAC）、蓄能电池组、电动汽车和智能配电盘的认证和培训计划，将成为引领世界的开端。

供应链是潜在的制约因素，联邦政府在这方面也应走在前面。澳大利亚政府需要确保我们可以使用一流的蓄能电池组、电动汽车和家用电器，联邦政府应该与主要制造商和生产国建立密切关系，并将其纳入整个计划之中加以考虑。融资可由清洁能源金融公司和其他政府机构提供的优惠融资和贷款担保加以支持。随着私人投资流向电气化抵押贷款业务和其他金融产品的出现，政府的资金支持将逐步减少。

21 世纪 20 年代：已在加速

到 21 世纪 20 年代后半段，汽车制造商都将因电动汽车的快速发展而倾销燃油汽车。银行将提供包括蓄能电池组、太阳能和电器的组合抵押贷款。房地产经纪人——每个人都喜欢与之打交道——将劝说你不要购买那些采用化石燃料为能源的房子，在完全电气化的家中会节省开支、生活得会更加清洁、绿色。全国的社区都将安装公享蓄能电池组和电动汽车充电装置。

这个巨大的电力库将在白天吸收太阳能所发的多余电力，而在一天工作完成、家庭用电的安培数上升之际，再把多余电力反向输送给我们。随着时间的推移，我们的市郊和城镇将会变得越来越清洁、越来越安静，生活成本也越来越便宜。电动吹叶机所发出的声音将会很安静，那些讨厌的树叶发出的响声将比电动吹叶机开动时的声音还大!

夜深人静之时，知道自己家里的能源消耗是气候友好型的，我们可以安然入睡。正如我在本章所指出的那样，今后几年非常关键，有可能将澳大利亚置于电气化方面的世界领袖地位。但在我们能够改造市郊和城镇的电力设施之前，我们必须要在电力的立法和体制上有所行动。

为了孩子，人人都能够成为其所向往、安全未来方面的行家里手。每个人都能在社区发挥作用，游说当地政务委员会，让它成为你所在地区电力改革的优胜者。各州政府已在可再生能源和电动汽车政策方面起领导作用。如果我们将各州和管辖区的最佳理念、规则和方案整合在一起，所形成的澳大利亚最佳方案可能成为世界其他地方的"良方"。澳大利亚联邦政府能够在全国范围内领导众多的示范项目，证明这种模式是切实可行的。从这些创新孵化器中，将培育出能源管理新技术、市场转化新模式和公平分享利益的新方法。

第十章
融资助力我们摆脱化石燃料

- 长期融资是家庭和工商企业支付电气化前期成本的关键，从长远角度看，长期融资最终能够为他们节省资金。
- 确保为低收入家庭提供他们能够负担得起的融资十分重要，这样会让所有澳大利亚人都能在未来的电气化中获益。
- 鉴于我们已预测到电气化未来能为澳大利亚人节省资金，那么，州及联邦政府应当围绕这点设计融资与税收政策。

需要有人为此提供融资服务

2018年，那时我还年轻，也有些许天真，我希望与戴维·贡斯基（David Gonski）见个面。我的父亲因与他同在新南威尔士大学而相识。但这并不是我要见戴维（David）的原因。我要找他是因为我对融资感兴趣，对他在澳新银行当董事会主席这个角色感兴趣。

我仍保存2018年初见他时送给他的一份材料："一个关于充满活力的澳大利亚住宅市场的大胆计划：新的金融产品吗？"我提出了在这份材料中曾多次提到的观点：澳大利亚会在全球率先具备为民众开发高收益金融产品

的成熟条件,为他们改善住房和更新汽车提供融资,让民众在省钱的同时实现零排放。

我向他展示了对一些家庭经济状况的分析结果。我当时正想征询他的看法,并希望与他进行全面的交谈。我想当时他只是出于礼貌而答应我来见个面,并不真正理解我为什么来这找他。

在对这个设想的运行机理进行一番解释之后,我想他对我的主要论点有了几分认同:以可再生能源为基础、在需求侧实施电气化,就是我们的答案。当时,我很想知道如何才能将重大项目的融资保持在较低的利率水平上。我也曾想知道如何才能使银行把这些金融产品付诸实施。图10.1清楚地说明,7%的贷款利率在10年间成本就要翻番,而2%的利率,成本仅

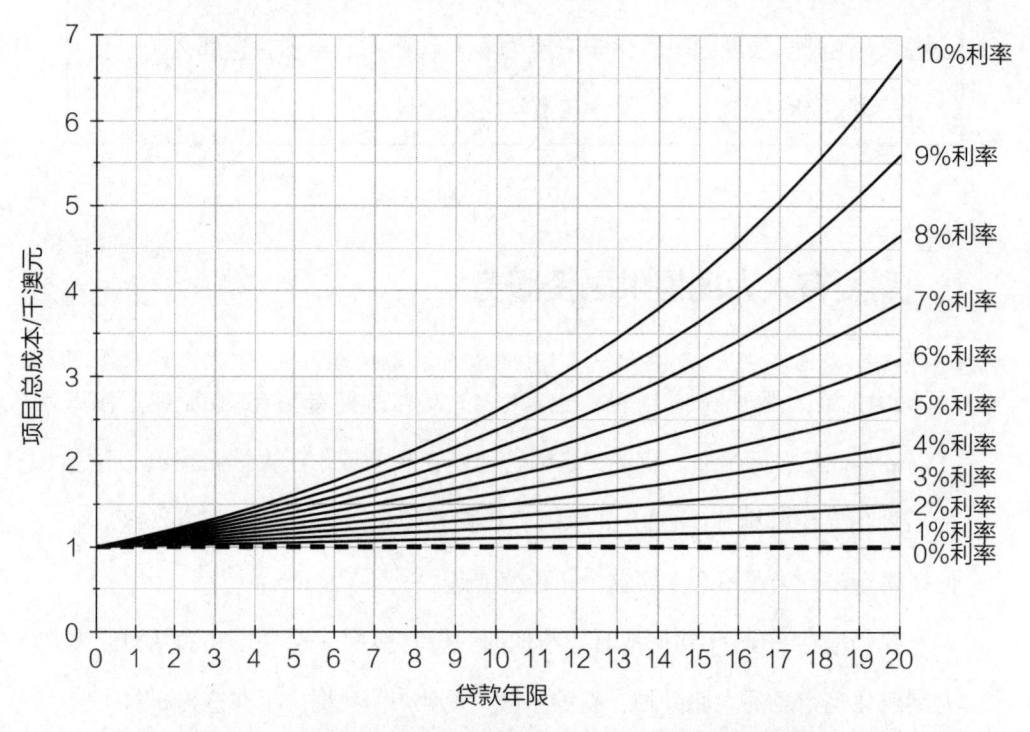

图 10.1　利率对 20 年融资期的高资本投入项目成本的影响

会增加20%。所以，利率的高低很重要，这一点路人皆知。因此，利率对澳大利亚家庭负担的影响是巨大的。

家庭住房的融资利率在2%~5%，但汽车的融资利率比这要高。我过去和现在感兴趣的就是，如何以低成本来实施去碳这样宏大的工程，并尽可能地使澳大利亚人从中受益。关注这样的利率和借贷消费是有缘由的。购车贷款和按揭都是美国人在20世纪发明的，当今世界离开这些是不可想象的，而现在澳大利亚人的生活方式也是以借贷为基础的。这就是现在为何有如此大量的人需要支付昂贵贷款费用。

为应对气候危机而提供相应的消费贷款有先例可循。亨利·福特（Henry Ford）因为宗教信仰的关系不愿赊销产品，但通用汽车（General Motors）的阿尔弗雷德·斯隆（Alfred Pritchard Sloan）却察觉到了这个市场机遇，允许民众通过贷款购置汽车。这个美国人的发明是现代家庭信贷的前身。现代按揭市场是美国政府在大萧条时期进行市场干预而成形的。在大萧条期间，不动产价格急剧下跌，大约10%的房主面临丧失抵押物权的问题。作为罗斯福（Roosevelt）总统新政的一部分，美国政府开始介入。1933年美国国会通过《房主借贷法案》（Home Owners' Loan Act），创建了房主贷款公司（Home Owner's Loan Corporation，HOLC），冒着违约的风险给家庭提供低息贷款。结果，使成千上万的房主有能力付清按揭，这个项目不仅实现了微利，也打破了"纳税人的钱会大量损失"的预言。该项目成就了第一个现代房地产按揭供应商的诞生——1936年房利美公司（Fannie Mae，联邦国家抵押协会）成立；后来，又于1968年成立了同样性质的房地美公司（Freddie Mac，美国联邦住宅贷款抵押公司）。这造就了全世界未曾有过的最低成本的债务集合基金和最大的资本市场。澳大利亚银行的业务紧随其后。在20世纪，如果没有这些金融创新产品，近郊住宅区和汽车的普及就不会出现。人们可以质疑低息消费融资的利与弊，但它塑造了当今世界的事实却无可争辩。我认为，在 20 世纪没有其他任何一项创新会产生如此大的影响。

我之所以主动去找戴维，是本着这样一个想法，即从整体上考虑政府和银行之间的相互配合，以及制定更加宽泛的财政政策和法规问题。半个小时的交谈后，我想他认为我是认真、理智的。继续交谈一刻钟后，他甚至认为这是可行的。再过一刻钟后，他说我不该参与银行业务，因为它很有竞争性，最终会演变成一场竞赛。

Brighte 网站的凯瑟琳迈康奈尔（Katherine McConnell）公司是一家初创公司，致力于利用金融工具推动澳大利亚人的住房改造，特别是在绿色环保住房方面。该公司目前正在开发一款金融工具，以使各类家庭能够购买有益于改善气候的产品，同时也帮助建筑承包商和产品经销商进行融资，以覆盖其现金流。这些业务很有成效，公司业务增速呈指数级递增。

与戴维·贡斯基的对话对我的帮助并不大，但当我在 2020 年回到澳大利亚时，麦夸里银行（Macquarie Bank）却找到了我。他们有了一个新的部门，业务重点是针对零售用户购买相关产品提供融资服务，这些产品都是应对国内减排所需要的，如电动汽车、屋顶太阳能、电气化采暖和厨房用具，以及各种效能不断提高的改进型产品。低利率融资与当前的按揭贷款有冲突，但与我交谈的这些银行家很客气，认为我对他们发行这些低息金融产品产生了积极影响，因为我曾强调在气候变化解决方案的可负担性方面，对消费者进行融资十分重要。谁知道我的话是否曾真的发挥了作用，这其实不重要，重要的是，现在很多澳大利亚人可以使用麦夸里银行、联邦银行，或来自 Brighte 网的金融产品来升级他们的住宅。澳大利亚联邦政府通过各种财政措施，包括为特定群体提供融资担保，促使这些融资产品保持低利率，更为关键的是，扩大了能够使用这些金融工具的人群数量。

第十章 融资助力我们摆脱化石燃料

在这场大变革中，政府甚至可以充当银行的角色。这一点表明，澳大利亚在万物电气化变革的融资方式上也开始引领世界了，我们可以做得更多更好，为全世界展示出澳大利亚的"良政善举"。

"良政善举"的另一方面是拿出为每个人提供融资的办法。如果只有富人能够负担得起，那就不是一个好办法。这并不是一些具有同情心的社会主义者的行为。所有的排放都必须停止，这不只是对有钱人而言。然而，良好的信用评分是获得贷款的前提。就像拿着固定薪金的雇员那样，其信用分值较高，但这甚至可能还不够。

在我与堂兄的几次谈话中，这个问题使我感受颇深。他是一个高压交流电方面的技师，在悉尼、纳鲁马（Narooma）一带安装空调和电冰箱。他正是我们为澳大利亚更新改造住房和电气化过程中急需的那类人。他是在那里为我们建设舒适生活世界的工匠之一，而且他所安装的这些制冷和供热系统正是这个舒适生活世界的组成部分。我堂兄打算申请一笔贷款，但一直很困难，因为他是一个个体经营者，银行认为比起拿固定薪金的雇员，他的信用要低一些。就在那个时候，我获得了一笔小额贷款，用来做一些革新工作，提供给我的利率低于2%。而他要获得的那笔贷款利率却高达5%。在他们能够负担这种未来生活时，我们不该对这些建设电气化未来所需的生力军设置障碍。

我的堂兄最终得到了这笔贷款，搬进了他的新家，也正在使他的新房电气化。他还期待能有一台电动皮卡作为下一步的工作用车。尽管他获得一笔贷款挺难的，但他很幸运正好符合这类融资贷款的条件。这对很多人来说可能办不到。他们的信用记录、年龄、婚姻状况、就业状况、犯罪记录等都可能对他们不利。审视一下通向这个未来的所有方式是很重要的，这个未来需要我们每个人的参与。如果我们要等到每个人都能够买得起二手电气化设备时，那气候变好就遥遥无期了。

美国正在对一种可能的解决方案进行试点。在美国（与澳大利亚没有太大的区别）有36%的住房是租住的。承租人在住房改善或电气化改造方面进行投资的积极性很低。同样在美国，有40%的家庭对于400澳元这样的额外费用也无法承担。[40]有三分之一的美国家庭对能源供应没有安全感，这意味着他们在支付账款方面存在不确定性。[41]我们知道，热水器和空调通常是在融资诱导下购买的。气候友好型生活模式一般在前期花费较多，所以，即便长期算账这种模式更节省，一般家庭也不会花钱去改造升级。这个群体没有传统的银行信用授权，如果他们在购买设备时无法获得这种信用，甚至连折扣优惠都难以享受。在这种情况下，"电力公司包投资"（Inclusive Utility Investment）的模式是一种有效工具。我的朋友霍姆斯·赫梅尔和他在"清洁能源工厂"的同事们是这类投资工具的坚定支持者，因为它不以个人信用记录、承租人身份和收入状况来决定获取资格。在这种模式下，电力公司利用其基本公共服务提供商的特殊管理身份，向每一个家庭提供金融服务，而不管这些住户的信用记录。改造的成本通过电价逐月收回。此种项目模式实际是一种"省钱付费"（Pay As You Save）方式，到目前为止，美国有10个州的20个电力公司按此种方式为6000个居住区提供了4500万澳元的升级改造资金。

全球金融危机的余波，加上新冠疫情对全球经济的影响，使得利率水平在历史的低位运行。在欧洲竟然出现了负利率的情况。我们正处在历史长河中的一个绝佳时期，因为我们有了低利率融资和其他财政政策的支持，为此，我们每个人都能够负担得起为实现全球零排放而进行的这次至关重要的能源转型。以前，世界也曾这样解决过类似的一些问题。经济学家已经成为处理好类似事件的专家。对此，我们不能目光短浅，现在是从更大的格局上去思考相关经济问题的时候了。

第十一章
我们需要这样的世界

- 人类面临的环境紧急事件并非只有气候变化，还有污染、塑料废弃物和生物多样性等多种危机。
- 我们应采取更加积极的措施，鼓励人们使用更小型的汽车、更多地使用公共交通工具，减少公路修筑数量。

我在本书中描绘了一个美好的前景，但不要过于天真地认为我们只要解决气候问题就万事大吉了。我们可能会在解决气候变化问题的同时，忽视了人类面临的其他危机，如塑料废弃物过多、生育率过低、氮肥使用过度，以及现代农业引起的藻类疯长等。我们可能因过度捕捞海洋鱼类，导致脆弱的生态系统分崩离析。我们可能因持续修筑公路、铁路而分割陆地生态系统，让我们许多珍贵的小动物因此而丧生［在美国，道路之间的距离都在 20 英里（1 英里约合 1.609 千米）以内］。[42] 我敢打赌，在澳大利亚，几乎人人都经历过袋鼠、负鼠、袋熊或蜥蜴与车辆发生碰撞的事件，那种痛苦的撞击声令人心碎。

我们或许会实现零排放的目标，但我们仍可能将自己埋葬在丢弃的垃圾中。本书论述应对气候变化问题时，很大程度上仍然要保持我们现在的娱乐方式、个人嗜好、体制制度和文化传统，也就是说我们的生活方式保持不变。我认为，人类可以成为地球和其他生物伙伴的出色管家。但我并不想让你认为我是一个天真的科技乐观主义者。在研究解决这个问题的各种方法中，我能感觉到也许我们需要再造一个世界，除非我们学会如何循环使用风机、太阳能电池板，除非我们学会在农业生产中不再增加杀虫剂和化肥的施用量，除非我们扩大地球上的荒地面积，给其他生物多一点繁衍生长的空间。

现在我们客观地看看下面这组数据。世界上全部动物的总重量约为20亿吨。[43]这一数值与世界上所有小汽车的重量大体相当。全球哺乳动物总重量只有1.67亿吨，其中半数以上是家畜，野生哺乳动物的总重量只有7000万吨。根据以上数据可以得出，全世界小汽车的重量与野生哺乳动物的重量之比大约为30∶1。我们制定道路和汽车发展政策时，或许应该认真考虑一下这个比例。据报道，2021年年底全世界预订特斯拉Cybertruck卡车的人有125万。这种特斯拉卡车的重量为3吨。仅这些即将生产出来的卡车，其总重量就将达到地球上所有野生哺乳动物总重量的一半。人们将驾驶这些车辆在道路或其他地方行驶，会进一步搅乱地球上人类以外其他生物的生活（大部分可能是无意而为之，也有些是主动而为之）。在一些人眼里，看到的是一辆崭新锃亮的电动卡车，但在另一些人眼里，看到的却是一个被肢解的生态系统或者一头死去的大象。

我想提出一个温和的建议，用的东西小一点、少一点，人类可能会生存得更好。如果多一点电动单车，少一点电动汽车；多一点有轨电车，少一点电动皮卡的话，地球会变得更加翠绿、更加安宁。可以肯定的是，要是人类能改变膳食结构，留出更多的荒野留给野生动物，那将更加美好。

1949年，日本政府制定了一种轻型汽车标准，该级别的汽车只能使用微型发动机（150cc），且对汽车的高度、宽度和长度也有严格限制。政府

第十一章　我们需要这样的世界

专门为有出行要求并能独立负担购车费用的家庭在购买这种小型汽车时，提供特殊的税收减免。但是，这种轻型车的发动机排气量标准在20世纪50年代上调至360cc，70年代上调至550cc，90年代到了660cc。当时，这种汽车发动机的最大功率被限定为47千瓦。到2013年，日本轻型车销量达到峰值，占到了全国汽车市场的40%。像铃木吉姆尼（Suzuki Jimny）这类轻型车，在澳大利亚等一些海外市场也深受消费者欢迎。

在世界上的其他地区，汽车的尺寸也呈倍增态势。2000年的路虎越野汽车的重量比1960年的大了一倍。实际上，迷你菲亚特500等大多数小型轿车的情况也都一样。把汽车尺寸增大是为了让车速更快、安全性更高、茶杯托更多，但这些愿望没有多少真正能够实现。由于城市拥堵，现代城市车辆的实际通行速度正在下降。澳大利亚很可能会进口数量庞大的特斯拉、福特等大型四驱电动汽车。目前，我们的道路规章、免税代码和进口政策都在迎合对大型汽车的使用需求，这类汽车会占用更大的空间、使用更多的原材料，消耗更多的能源。我们应该像当初日本那样，鼓励使用适合本地街道的那些尺寸更小、价格更低、造成伤害更小的汽车。

我们在电动单车上也正在犯同样的错误。由于政府对多方面的过度担忧，将电动单车的动力限制在了200瓦以内。由新式轮毂电机驱动的电动单车非常好，但如果运载的货物重一点，爬坡时就显得动力不足。20年来，我们一直在生产各式各样的电动单车，但大多是载货用的。这类电动单车需要300瓦左右的动力，如果你要搭载几个孩子，或者一条狗再加一些杂货的话，则需要1000瓦动力。令人费解的是，澳大利亚政府总是在限制这类车辆，如轻型电动车辆、小型电动摩托、电动滑板、电动单车、电动脚踏两用车等。然而，所有这些交通工具能为人们提供便宜得多、快捷得多、方便得多的本地出行选择。为什么要这样做？要知道，是我们起草了化石燃料巨型卡车的全球性法规。

　　对这些思路和政策的抉择会带来不同的效果。在我们推进能源转型这一令人倍感振奋的变革中，一定不要忘记问问自己，我们究竟想要一个什么样的世界。如果我们的孩子今后能够通过花园小道或自行车道，步行或骑车安安全全地上学，而不必在上学路上时刻要去躲避时速高达 60 千米、重量高达 3 吨的汽车，那么大家的幸福感是不是会更高呢？

　　我们需要更多可以步行的城市、更多经过专门规划的野生空间、更多管理完善的森林，我们需要很多很多美好的东西。但是，也许我们最需要的还是时间。我在美国生活过 20 年，发现美国人假期很少，工作太辛苦。大部分家庭在工作、时间和金钱方面的压力太大。父母们操劳于工作、学校和照料家人，在做好本职工作的同时，或许还要再兼职一份工作。他们没时间照顾自己，更不用说这个地球了。澳大利亚人的生活轨迹目前正在慢慢向美国靠拢。假如有了更多的时间，我们还需要那么快的交通吗？我们会有更多的时间从容漫步本地的商店，可以坐下来用可回收的杯子喝杯卡布奇诺咖啡，而不再选择一次性外卖杯子以便赶去下一个约会。时间多了，我们不就有更多时间打理自家花园，或帮助社区养护树木了吗？如果我们始终认为澳大利亚能源充足，资源丰富，那么利用这些丰富的能源和资源获取的最好回报之一，难道不是让我们拥有更多时间吗？拥有时间感受大自然，就是对大自然的修复，就是对我们不当行为的一种纠偏。

第十二章
富饶的澳大利亚

- 这次变革不仅仅属于城市居民。
- 澳大利亚人现在每天都有收获,我们能够帮助他们赢得更多的收获。

我的一个同事叫菲奥娜(Fiona),住在新南威尔士。她提醒我,如今电气化变革已在各地广泛推开,这场变革已经渗透到我们的日常生活中,它正在使人们的生活变得更加美好、更加自如。菲奥娜在南海岸(South Coast)的生活很低调。我想,在那里她花了大量的时间,既在倡导做出积极的改变,也在不断磨炼着自己的才智。菲奥娜特别擅长讲故事,在莫鲁亚(Moruya)她有个邻居叫亚茨科(Jacko)(非真实姓名),她讲述了这位邻居的一个故事。对我们大家来说,这个故事就如同我们的生活或许将变得更加美好的一个标志。

在 2019 年的最后一天,燃烧已超过一个月的布莱克萨默(Black Summer)森林大火,蔓延到了巴特曼斯湾(Batemans Bay)附近的海边。电力经常整天中断,有的地区已断电数周。

亚茨科 74 岁。他喜欢钓鱼和其他的一些活动,在做了多年乳牛场工人和雏鸡性别鉴定师之后,他变卖家产搬到了这个海岸。亚茨科喜欢以他的观测标准——被吹掉狗链的狗的数量——来发布天气预报。亚茨科最喜欢两种咖啡——B&H 未过滤咖啡和雀巢速溶咖啡。

在大火期间，亚茨科在他的房子上安装了一个能喷水雾的精致供水系统。但问题是，其他人也这样做了，结果导致水压急骤下降。亚茨科有一个储水罐和一个水泵，却没有足够的汽油能使发电机 24 小时发电，城里的加油站已经关闭，因为给油泵供电的电网也已断电，这种情况一直持续到大火直接的威胁过去之后。

亚茨科可以忍受几天没有电的生活，但是他的几台冰柜却不能。以前每隔几个月，亚茨科都会到奥尔伯里（Albury）附近他兄弟的农场那儿去捕猎野山羊或鹿。他有三台冷冻柜，装满了里韦里纳（Riverina）地区的有蹄类动物。

在大火过后那些炙热难熬的夜晚，这些冰柜里的野味开始变质了。亚茨科意识到，一个男人一生中经常会遇到倒霉事，这次竟让他赶上了。但处理一冰柜变质的死袋鼠对他并不是难事。他将变质的野味扔掉，之后又找来在保龄球俱乐部的朋友帮忙，因为他有一套新的"离网"电力系统。

两周以后，亚茨科买来一台特斯拉电源设备，同时安装了一套屋顶太阳能系统。他对手机应用程序中的"附属功能"并不感兴趣，但是通过手机的小程序，他能查看屋顶太阳能系统发出的电量，这些电多得他自己都用不完。更重要的是，这意味着今后无论电网何时停电，他的子孙都能过来享用他那套喷水装置。此外，他还对家里的几处设施进行了改造，包括添置了一台电磁炉。电磁炉除了易于清洁外，还有一个好处是安全，即使他把大黄叶柄放在电磁炉上，也不会引发火灾。

保龄球俱乐部的拉伊（Ray）有一辆特斯拉汽车，他将其插到他的供电系统上，将车作为一个蓄能电池来使用。亚茨科几年来一直保留着他的柴油皮卡，直到有人换了电动皮卡后才弃用，因为这时他也不再需要带着他的大牧牛犬"大蓝"与他一同乘车了。不过,他只是买了一辆旧的电动高尔夫球车,以便在他膝盖出现问题时能让他快速到达海边的码头。

亚茨科20世纪50年代在奥尔伯里农场长大,他家生活完全能自给自足,但也并不宽裕。那时,他家里有一台氨气制冷的冰箱和一台手动的压水机,可为房子、花园和偶尔的洗澡来供水。而现在,他有一块蔬菜地、一个储水罐和一套屋顶太阳能系统,这个太阳能系统可以发出大量的电,使他夜晚在露天平台上可以享受一下温泉浴。他不再担心电费账单,不用再为菜园的水泵是否开着而费脑筋,当孙辈们在40摄氏度的日子里来玩游戏机时,也不会在意打开客厅的小空调了。可以毫不夸张地说,现在的这个家不仅是他的一座"城堡",更是他的一个"王国"。

澳大利亚需要打一针足够剂量的兴奋剂。围绕气候变化问题,每个主流政党都曾展开过消极的辩论。但他们终将会被迫"承认"这种消极的做法是有"问题"的。到时,这种做法不仅十分负面,而且还要付出高昂的成本。这种代价正是一些所谓的环境保护主义者正迫使澳大利亚付出的,这些人单调乏味、满腹牢骚,甚至不知道怎样启动一台拖拉机。但是,我们很有信心解决这些问题,澳大利亚是一块富饶的土地,只要我们允许人们去听、去讲那些故事,局面就将好转。而这些故事只是在行事方式上与现在略有不同,不需要人们做出巨大改变。如此,我们便可以将注意力重新集中到我们喜爱的板球、足球、冲浪、骑马、钓鱼、保龄球比赛,或者周末要做的各种事情上。

我对汽车、轮船、卡车和各种稀奇古怪的交通工具并不陌生。在我很小的时候,父亲就有一辆捷豹汽车,不知何故,车里总会散发出一股类似胡桃、皮革、旱烟袋和烧机油的混合气味。如果你能为我设计一款修脸润肤露,我情愿用这种熟悉的味道。我最甜蜜的记忆之一是与父母一同驾车去看电影，这是老爸最新款的捷豹车。当时天正下着雨，雨刷器在前挡风玻璃上发出沙沙的声响，从后座上我能看见爸爸的身影，他一只手臂搭在方向盘上，另一只搂着妈妈的肩膀。妈妈在前座上侧身而就，雨滴反射的光线与前车大灯的光线交织在一起，映照在她那满头白发上，闪着银光。

我知道，那么多的汽车对于地球来说并不是一件好事，所以我奋力前行，试图解决我内心对这些机器和那些美好时刻的留恋问题。我和妻子现在用的第三辆车是租赁的电动车，这样我们便已拥有了一辆菲亚特500e、一辆雪佛兰博尔特（Chevy Bolt）和这辆不同寻常的尼桑电动汽车。最后的这辆或许是我从未有过的最实用的车，这是一辆可以接送孩子、搭载爱犬或是运送沙土的箱式客货两用电动汽车，由于可用家用太阳能系统充电，它开起来实际上是免费的。我对买新车并不大感兴趣，因此这一年我对1957年版的菲亚特Multipla进行了电气化改装，之后又着手对1961年版的林肯大陆进行电气化改装。菲亚特过去生产的甲壳虫汽车看起来个头很大，有6个座位，是20世纪60年代意大利的主流出租车车型。在车上，后排的人要与前排说话都很困难，我用6个超大电动滑板的电机和一堆发烧友级汽车配件改装了它，我现在驾驶它到周围转转和送孩子上学很方便。林肯是一辆极漂亮的汽车。在1961年发布时，它抛弃了50年代底特律标志性的鱼鳍外形，采用流线和太空时代的造型，成为第一位太空时代总统约翰·F. 肯尼迪（John F. Kennedy）的总统专车。福特公司现在已经把野马牌汽车电动化了，最著名的电动型号是F-150，这是历史上产量最大的一款皮卡。因为这个缘故，现在有了为改装经典品牌汽车而兴起的零配件市场。我是拿到福特Eluminator车型的第一批幸运者，它装配了福特280马力一体化电动引擎。与原来相比，这辆车不仅更换了发动机，而且去掉了变速器和差速器。这是电动汽车最重大的变化之一，这样可减少部件、降低故障率和油耗，还可以少用润滑油。由于改装电动车远比购买新电动汽车的成本低，当这本书出版时，我的林肯大陆将完全改为电动车。我想，大部分时间里它都会停在车库里，可以作为家庭备用蓄能电池来使用。这就是我能把它卖给我妻子的原因——我的老古董车如今再也不是一件"玩具"了，它不仅是家庭生活的有力保障，而且也是国家基础设施的一个组成部分。无论何时，只要有可能，我父亲就会找我来借那辆电动尼桑车。这是让他把屋顶太阳能发的电都用完的唯一方式。他每天都会去叨扰他的高尔夫球伙伴，向他们报告他又"生产"了多少澳元，或者是节省了多少钱。像亚茨科一样，他也经常开电动高尔夫球车出去办事或以车代步来保护他的膝盖。他为自己能够成为这次变革的参与者而感到高兴。

我的姐姐生活在澳大利亚北部海滨，她已经安装了第 2 套太阳能系统和一个家用蓄能电池，还为自己买了一台现代汽车公司的 Kona 电动汽车。她的炉灶现在是电磁感应式的，燃气热水器已经被一台热泵所取代。她是一个单身母亲，而且她已感到，对于规划自己的生活以及想要的独立而言，这些决定是很经济的。她还在继续工作，平时总教育孙辈们要树立远大理想，要更加积极主动参与到解决气候问题的活动中。而她自己正在践行这样的理念。

我有一个老伙伴叫科林，我们第一次见面是我在悉尼大学读研究生时，当时我是他工程学课程的助教。他现在居住在南部泰布尔兰斯地区（Southern Tablelands），正在建造自己设计的电动飞机，不久它将作为一种出行装备投入使用。这架双座碳纤维飞机可以轻松飞越几百公里，与以汽油为动力的同类型飞机相比，它应该更安全和更可靠。也许在不久的将来，像科林这样的人所建造的电动飞机，就可供通勤工人往返于锂矿开采和冶炼作业区域了。

我的堂兄哈利（Harley）经营着一家非常普通的公司，业务主要是安装高压交流电（HVAC）系统以及专门为小型企业安装冰柜。他驾驶着他那辆卡车去干活，而他的妻子蒂芙（Tiff）则为他招揽客户，他们的业务主要分布在纳鲁马到悉尼西郊南海岸一带。像许多从业者一样，在家庭和企业电气化改造及这场能源大变革中，他们都受益匪浅。他的下一辆工作用车将是电动卡车。他在新房上安装了太阳能装置，可为两个孩子提供清洁能源。由于实施了电气化，孩子们在成长过程中，再也不必经受天然气供暖对呼吸系统带来的破坏。

光明的未来已经展现给澳大利亚。在电气化的征程上，我们领先于美国3~5年（不包括我们在电动汽车方面的糟糕记录）。我们也领先于欧洲。我们有理由引领世界，并向人们展示一个美好而富足的电气化未来。

为了达到这些目标，我们不能减轻政治家们以及大公司售卖化石燃料的压力。他们需要倾听那些好的新闻故事，想象一下成功会是什么样子。每个人都要行动起来，每个人都要成为获胜者。由于澳大利亚联邦政府在最近20年制定的气候政策很糟糕，我们看起来好像是气候问题的"失败者"，但是现在的"失败者"在遭受挫折后会取得成功，在这10年内我们将拥有一个美满的结局。要赢得气候的未来，我们大家需要一起努力，我们需要亚茨科、格里塔这样的人，我们需要我们自己和我们的孩子。

澳大利亚要推进电力改革！

澳大利亚要实现万物电气化！

注释

1. D. Tong, Q. Zhang, Y. Zheng et al., 'Committed emissions from existing energy infrastructure jeopardize 1.5° C climate target', *Nature* 572 (2019): 373–77.

2. H. Rosling, 'The rapid growth of the world population: when will it slow down?' Gapminder, www.gapminder.org.

3. H. Rosling et al. Factfulness: *Ten Reasons We're Wrong About the* World – and Why *Things Are Better Than You Think*. Flatiron Books, 2018.

4. S. Arrhenius, 'On the influence of carbonic acid in the air upon the temperature of the ground', *Philosophical Magazine and Journal of Science* 5:4, April 1896: 237–76.

5. BARES 2021, *Snapshot of Australian Agriculture 2021*, Australian Bureau of Agricultural and Resource Economics and Sciences, doi 10.25814/rxjx–3g236 Department of Industry, Science, Energy and Resources, *Australian Energy Update 2020*, September 2020.

7. P. Yanguas et al., 'Evaluating the significance of Australia's global fossil fuel carbon footprint', Climate Analytics, July 2019, limateanalytics.org.

8. R.D. Kinley et al. 'Mitigating the carbon footprint and improving productivity of ruminant livestock agriculture using a red seaweed', *Journal of Cleaner Production* 259 (2020), doi 10.1016/j.jclepro.2020.120836.

9. Bureau of Infrastructure, Transport and Regional Economics (BITRE), Growthin the Australian Road System BITRE, 2017.

10. A. Blakers, B. Lu and M. Stocks, '100% renewable electricity in Australia', *Energy* 133 (August 2017): 471–82.

11. M. Roberts et al., *How Much Rooftop Solar Can Be Installed in Australia?* Report for

the Clean Energy Finance Corporation and the Property Council of Australia. Sydney: University of Technology Sydney, 2019.

12. Australian Energy Market Commission, 'Residential electricity price trends, 2020 data', www.aemc.gov.au.

13. M.Z. Jacobson and C.L. Archer, 'Saturation wind power potential and its implications for wind energy', *PNAS* 109:39, 25 September 2012.

14. Jacobson et al., '100% clean and renewable wind, water and sunlight all-sector energy roadmaps for 139 countries of the world', *Joule* 1:1 (6 September 2017), doi 10.1016/j.joule.2017.07.005.

15. International Hydropower Association, *2020 Hydropower Status Report*, hydropower.org.

16. S. Mallapaty, 'China prepares to test thorium-fuelled nuclear reactor', Nature 597 (9 September 2021): 311–12.

17. D. Wallace-Wells, 'Ten million a year', *London Review of Books* 43:23, 2 December 2021.

18. Australian Renewable Energy Agency (ARENA), *Australia's Bioenergy Roadmap*, November 2021; and T. Nugent, *Australian Biomass for Bioenergy Assessment 2015–2021*, Final Report, April 2021, arena.gov.au.

19. Department of Energy, 2016 Billion-ton Report: *Advancing Domestic Resources for a Thriving Bioeconomy*, July 2016, energy.gov.

20. T.S. Brinsmead, J. Hayward and P. Graham, *Australian Electricity Market Analysis Report to 2020 and 2030*, CSIRO Report EP141067, 2014.

21. N. Kittner et al. 'Energy storage deployment and innovation for the clean energy transition', Natural Energy 2 (2017); and L. Goldie-Scot, *A Behind the Scenes Take on Lithium-ion Battery Prices*, BloombergNEF, 2019.

22. G. Parkinson, 'Australia could aim for 700 per cent renewables, Arena boss', Renew Economy, 8 October 2019, reneweconomy.com.au.

23. Energy Networks Association, *Fact Sheet: Electricity Prices and Network Costs*, energynetworks.com.au; and Australian Competition and Consumer Commission, *Retail Electricity Pricing Inquiry: Preliminary Report*, Commonwealth of Australia, 2017.

24. For example, see N. Eyre, 'From using heat to using work: reconceptualising the zero-carbon energy transition', Energy Efficiency 14:77 (2021), doi: 10.1007/s12053-021-09982-9.

25. T.P. Wright, 'Factors affecting the cost of airplanes', *Journal of Aeronautical Sciences* 3:4 (1936); G.E. Moore, 'Cramming more components onto integrated circuits', *Electronics* (19 April 1965); April 19, 1965; B. Nagy et al., 'Statistical basis for predicting technological progress', *PLoS ONE* 8(2): e52669.

26. B. Nagy et al., 'Statistical basis for predicting technological progress', PLOS 8:2 (February 2013), doi 10.1371/journal.pone.0052669; E. Rubin et al., 'A review of learning rates for electricity supply technologies', *Energy Policy* 86 (November 2015): 198–218.

27. N.M. Haegel et al., 'Terawatt-scale photovoltaics: Trajectories and challenges', Science 14:356 (April 2017): 141–43.

28. International Renewable Energy Agency, 'Renewable energy now accounts for a third of global power capacity', 2 April 2019, www.irena.org.

29. Transport and Environment, 'EVs will be cheaper than petrol cars in all segments by 2027, BNEF analysis finds', 10 May 2021, www.transportenvironment.org.

30. See Climate Town, 'It's time to break up with our gas stoves', 19 November 2021, https://www.youtube.com/watch?v=hX2aZUav-54.

31. B. Seals and A. Krasner, *Gas Stoves: Health and Air Quality Impacts and Solutions*, RMI, 2020, www.rmi.org.

32. H. Bambrick et al., 'Kicking the gas habit: how gas is harming our health', Climate Council, 6 May 2021, www.climatecouncil.org.au.

33. World Steel Association, *Fact sheet: energy use in the steel industry*, www.worldsteel.org.

34. G. Bhutanda, 'All the metals we mine each year, in one visualization', World Economic

Forum, 14 October 2021, www.weforum.org.

35. R. Campbell, E. Littleton and A. Armistead, 'Fossil fuel subsidies in Australia',Australia Institute, April 2021, australiainstitute.org.au.

36. See fossilfuelsubsidytracker.org.

37. J.L. Martire, 'Powering Indigenous communities with renewables', Renew, 20. April 2020, renew.org.au.

38. D. Carroll, 'State-owned utility reveals desire to disconnect rural town from grid', *PV Magazine*, 19 October 2021.

39. T. Moore et al., 'Better building standards are good for the climate, your health and your wallet. Here's what the National Construction Code could do better', The Conversation, 4 October 2021,www.theconversation.com.

40. Federal Reserve, *Report on the Economic Well-Being of US Households in 2019*,May 2020, www.federalreserve.gov.

41. Energy Information Administration, 'One in three US households faces a challenge in meeting energy needs', 19 September 2018, www.eia.gov.

42. K. Pabortsava and R.S. Lampitt, 'High concentrations of plastic hidden beneath the surface of the Atlantic Ocean', *Nature Communications* 11 (2020),doi 10.1038/s41467-020-17932-9; D. Pizzol et al., 'Pollutants and sperm quality: a systematic review and meta-analysis', *Environmental Science and Pollution Research* 28:4 (January 2021), doi 10.1007/s11356-020-11589-z; B.E.Lapointe et al., 'Nutrient content and stoichiometry of pelagic sargassum reflects increasing nitrogen availability in the Atlantic basin', *Nature Communications* 12 (2021), doi 10.1038/s41467-021-23135-7; C. Möllmann et al., 'Tipping point realized in cod fishery', *Scientific Reports* 11 (2021), doi 10.1038/s41598-021-93843-z; A. Torres et al., 'Assessing large-scale wildlife responses to human infrastructure development', *PNAS* 113:30 (26 July 2016), doi 10.1073/pnas.1522488113.

43. Y.M. Bar-On et al., 'The biomass distribution on Earth', PNAS 115(25): 6506–11.

附录
能源利用标尺

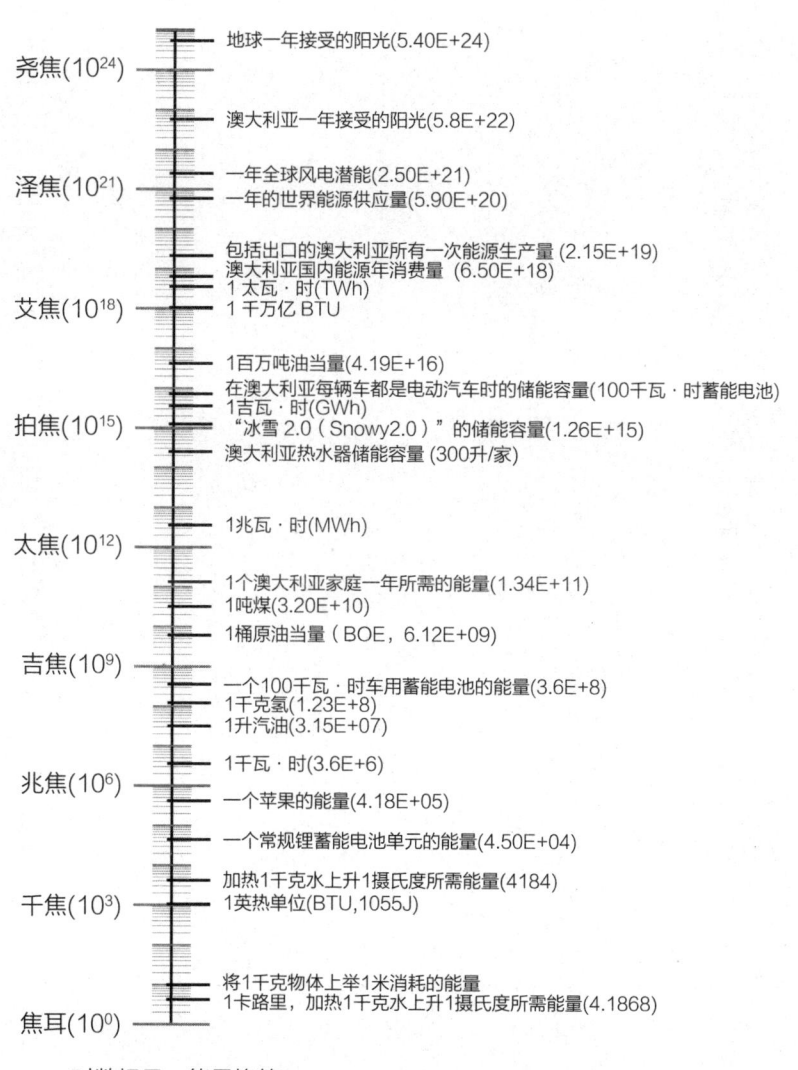

尧焦(10^{24}) —— 地球一年接受的阳光(5.40E+24)

—— 澳大利亚一年接受的阳光(5.8E+22)

泽焦(10^{21}) —— 一年全球风电潜能(2.50E+21)
—— 一年的世界能源供应量(5.90E+20)

—— 包括出口的澳大利亚所有一次能源生产量(2.15E+19)
—— 澳大利亚国内能源年消费量(6.50E+18)
—— 1太瓦·时(TWh)
艾焦(10^{18}) —— 1千万亿 BTU

—— 1百万吨油当量(4.19E+16)
—— 在澳大利亚每辆车都是电动汽车时的储能容量(100千瓦·时蓄能电池)
—— 1吉瓦·时(GWh)
拍焦(10^{15}) —— "冰雪2.0（Snowy2.0）"的储能容量(1.26E+15)
—— 澳大利亚热水器储能容量 (300升/家)

—— 1兆瓦·时(MWh)
太焦(10^{12})

—— 1个澳大利亚家庭一年所需的能量(1.34E+11)
—— 1吨煤(3.20E+10)
—— 1桶原油当量（BOE，6.12E+09)
吉焦(10^{9})
—— 一个100千瓦·时车用蓄能电池的能量(3.6E+8)
—— 1千克氢(1.23E+8)
—— 1升汽油(3.15E+07)

兆焦(10^{6}) —— 1千瓦·时(3.6E+6)
—— 一个苹果的能量(4.18E+05)
—— 一个常规锂蓄能电池单元的能量(4.50E+04)
—— 加热1千克水上升1摄氏度所需能量(4184)
千焦(10^{3}) —— 1英热单位(BTU,1055J)

—— 将1千克物体上举1米消耗的能量
焦耳(10^{0}) —— 1卡路里，加热1千克水上升1摄氏度所需能量(4.1868)

对数标尺，能量换算

201

致谢

没有约什·艾利森（Josh Ellison）本书的出版或许至今无门。他身上体现出了年轻的澳大利亚人在处理气候问题上所具有的勇气、活力和紧迫感，而这正是我们所需要的。他绘图制表、拟写正文、编排脚注、提出建议，对本书进行了全方位的提升。

萨姆·卡利什（Sam Calisch）和劳拉·弗雷泽（Laura Fraser）是我推动实现电气化目标上的合作伙伴，这两位在我的写作中都起着增光添彩的作用。我从劳拉那里学到一招，即如何在几乎全是技术性话题的叙述中，将具有浪漫色彩的故事点缀其间。在萨姆专业实习期间，我曾担任他的导师，但现在我们是好朋友、好同事。

感谢丹尼·肯尼迪（Danny Kennedy）对我的鼓励、陪伴以及贡献的智慧，他非常友善。在太阳能建设和利用方面，他曾是一位先行者，目前又在遍布世界的清洁能源孵化器领域发挥着引领作用。世界需要更多像丹尼这样的人。

感谢丹·卡斯（Dan Cass）。我与丹的际会源于丹尼的引见。我很难用语言来描写丹的超强能力。或许，"对云遮雾罩的空谈派毫不容忍、嗤之以鼻"倒可成为他的写照之一。他不仅富于建设性，还能促使周围的人快速行动起来。丹拟写了几乎政策部分的所有内容。丹，你的工作令我十分欣慕。

感谢艾坦·连科（Eytan Lenko）。艾坦一直在澳大利亚零排放战场中冲锋陷阵，为时已有十数年之久。他创立的组织"超越零排放"（Beyond Zero Emissions），不仅在澳大利亚国内而且在世界上都是一座领航的灯塔。

感谢加布里埃尔·库伊柏（Gabrielle Kuiper）的不吝赐教，为澳大利亚成为一个可持续发展的国家，他堪称最早的推动者。

感谢马丁·格林（Martin Green），就对太阳能事业的贡献而言，他展现出了真正的骑士风范。

感谢马特·基恩（Matt Kean），在引领应对气候变化问题上，他真诚可靠、勇气可嘉。

感谢艾玛（Emma）和戴维·波考克（David Pocock），他们与勇敢的澳大利亚人一道，将自己的创造性、战斗力以及全部能量投入了这一关键的转折时期。戴维，在即将到来的选举中，在为联邦政府明智的气候政策代言时，祝你好运！

感谢克里斯汀·米尔内（Christine Milne），她对澳大利亚气候政策进行的条分缕析非常到位，对这些政策我却不甚了解。她对我们追求一个更加美好的世界提出了强烈的愿望，不仅表达了广大民众的意愿，而且表达了许多动植物的"想法"，这是她的独特贡献。过去，民众的意愿没有被充分倾听，动植物的"想法"更是不曾被考虑。

感谢迈克·坎农-布鲁克斯（Mike Cannon-Brookes）。他曾经这样描述自己：数千次从那颗幸运之树上掉下来，却从未摔断过一根骨头。他由此坚信是命运的力量使他抛弃名誉地位和荣华富贵，而投身于解决气候变化的浪潮中。我也仿佛感觉到自己从那颗幸运之树上掉了下来，不但没有伤筋动骨，更赢得了他的友谊。

感谢本·奥奎斯特（Ben Oquist）和澳大利亚学院（Australia Institute），他们把赌注压在了创设"澳大利亚电网改造"项目上，以此来倡导和推动

致谢

澳大利亚实施积极的电气化政策。他对澳大利亚政治动态了如指掌，让我这样的工程师们自愧弗如。

感谢柯尔蒂斯（Curtis）和路易斯（Louise）对帆船和悬挂式滑翔运动的贡献。我们每个人都需明白，在这个美丽无比的国家，户外运动却为何如此糟糕透顶。

感谢蒂姆·弗兰纳里（Tim Flannery），此时我能荣幸地称你为志同道合者。在我们认识之前很久，每当读你的那些著作，我都沉浸在无尽的愉悦中，字里行间不仅透出传奇的故事，更隐匿着你这样一个奇特的人，我能与你相遇难道不是天意吗。感谢克里斯·菲克（Chris Feik）和他在布莱克有限公司（Black Inc）的团队。你一直坚信不管有多少紧急事务缠身，我们一定能在两个月内写完本书并付梓上架，现在如你所料，对此我至今仍不敢相信。这可真是一个奇迹。

感谢菲奥娜·怀特洛夫（Fiona Whitelaw）。在此之前，我还从未遇见过比你语言更辛辣、心态更阳光、精神更豁达的人。你让我的灵感源源不断。

感谢我的母亲帕梅拉（Pamela）和父亲罗斯（Ross），还有我的姐姐塞莲娜（Selena），感谢他们对我的宽容和塑造。他们最先阅读了书稿，并帮助进行编辑，提出修改建议。很抱歉，妈妈，我没有删除那些粗俗的言语，因为这些是我精心挑选以作强调之用的。

译者后记

这是一本与我们日常生活关系紧密的科技类书籍，也是可能影响我们未来生活的一本书，值得一读，更值得深思。

近年来全球范围内高温、洪水和干旱频发，是不是让那些怀疑气候变化的人心中略有迟疑？会不会让那些对"巴黎协定"不屑一顾的国家、地区和机构心中稍有歉疚？能不能让人们看到化石燃料不断变成灰烬、放出二氧化碳而心中没有任何疑虑，甚至连眉头都不肯皱一下？那么看过这本书，你可能会改变看法。

毫无疑问，减少人类在生产生活中的碳排放是应对气候变化的重要举措。人们可能认为，限制二氧化碳排放就等于降低生活质量，非也！看了这本书你就知道答案是什么。人们可能认为，实施"双碳"（碳达峰、碳中和）目标可能会花大钱，无回报，非也！这本书提出了一条不但省钱还能赚钱的道路。其实，看了这本书，你可能会发现"危"中有"机"，只要转变一下思路，就可能赢得胜利，这也是《大转折》这个书名所蕴含的一层含义。

作者在书中全面而详细地介绍了澳大利亚的能源状况，并运用专业分析工具对能源流、资金流、效率流等做了大量的"桑基流程图"（Sankey diagram），生动、形象地阐述了相关因素的现状和发展趋势，使人一目了然。在书中，作者提出了澳大利亚要通过"万物电气化"促进零碳的目标。关于从电气化上寻找思路，作者也许不是首创者，但如此详尽地论述电气化实施方案,无疑是作者的一个贡献。当然,通过电气化促进零排放,必须保障发电能源是清洁的。有人认为,可再生能源是第四次工业革命的主旋律,从应对气候变化角度看,发展可再生能源也势在必行。

实现零碳目标是个宏大系统工程,任重道远。各国国情不同,所处发展阶段各异,因此,作者根据澳大利亚的具体情况,提出的相关政策建议未必对各方都适用。但他山之石,可以攻玉,相信读者阅后一定能够从中获得启发。

特别是,在推动实现全球零碳目标的过程中,中国在应对气候变化上始终认真负责,政策措施得力。我们相信,只要各国摒弃偏见,集思广益,共同努力,人类一定能够取得最终的胜利,建成人与自然和谐共生的美丽家园。

译者

2022 年 9 月 28 日

绍尔·格里菲斯博士（**Dr. Saul Griffith**）是一位发明家，企业家，工程师，也是《电气化：一位乐观主义者的未来清洁能源路线图》（*Electrify: An Optimist's Roadmap to Our Clean Energy Future*，麻省理工学院出版社）一书的作者。他还是"重新布线澳大利亚"和"重新布线美国"两个组织的创始人和首席科学家，这两个非营利组织通过推动全面电气化，降低澳大利亚、美国及世界的碳排放。绍尔·格里菲斯创建了阿泽实验室（Otherlab）并任首席科学家，实验室从事研究和开发工作，已经在能源和机器人领域孵化出众多的科技公司。2004 年，绍尔·格里菲斯在麻省理工学院获得博士学位。2007 年，他获得了由麦克阿瑟基金颁发的"天才奖"（Genius Grant）。

他现在与妻子和两个孩子生活在澳大利亚新南威尔士的伍伦贡市（Wollongong），他同时掌管着其位于旧金山的公司办事机构。